KB207660

패션, 여성들의 학교

Mode, Schule der Frauen by Hannelore Schlaffer
Original edition ⓒ Suhrkamp Verlag Frankfurt am Main 2007
Korean edition is translated by license from Suhrkamp Verlag.

이 책의 한국어판 저작권은 Suhrkamp Verlag와의
독점 계약으로 도서출판 소화에 있습니다.
저작권법에 의해 한국 내에서 보호를 받는 저작물이므로
무단 전재와 무단 복제를 금합니다.

패션, 여성들의 학교

| 한넬로레 슐라퍼 지음   김선형 엮음 |

小花

차례

1장 패션을 읽다

2장 패션을 살다

3장 패션을 보다

패션의 해방가

1945년 제2차 세계대전이 끝날 무렵, 알자스에 있는 독일 진영에는 많은 프랑스인이 포로로 잡혀 있었다. 수용소에서 시끄러운 소리가 나는 것을 듣고 독일인은 패배했음을, 프랑스인은 해방되었음을 직감했다.

갑자기 우리는 서로 바라보았다. 모든 이의 마음은 공중에 붕 뜨는 것 같았다. 감옥에서 여성이 울부짖듯 프랑스 국가를 노래했다! 그들이 부르는 노래는 체포되어 인간성을 말살하는 집단 수용소로 출발하는 순간 불렀던 장엄한 노래가 아니라 프랑스혁명 당시 파리에서 베르사유로 행진하면서 불렀던 울부짖음이었다. 이제 의심할 나위가 없었다. 다시 말해 독일인들은 퇴각했다.⋯1층에서 나무로 만든 징이 울려 퍼지는 소리가 들려왔다. 그것은 태초의 숲 속에서 들려오는 북소리 같았다. 우리는 그 의미를 알게 되었다.⋯오래된 수용소에 거대하고 무거운 탁자가 있었다.⋯모두 짐을 쌌다.⋯감옥은 마치 공명판처럼 울려 퍼졌다. 그 소리는 죽음 속에서 태곳적 숲의 울부짖

음처럼 위쪽으로 … 울려 퍼졌고, 프랑스 국가에 나오는 예언 같은 단어인 '영광의 날'이라는 단어가 다시금 되살아났다. 우리는 식탁으로 다섯 번쯤 문을 쳐서 밖으로 빠져나올 수 있었다. 오른쪽이 파손되고 부서진 문들을 통하여 그 방에 있던 포로들은 앞으로 전진하고, 그리고 왼쪽에서는 망치 소리에 응답하듯 주먹들을 휘두르며 노래를 부르면서 계단에서 저 위쪽으로 물밀듯이 나아갔다. 모든 시대마다 저항의 민중들은 패션 잡지에서 볼 수 있는 감각으로 매무새를 바로 잡았다. 왜냐하면 억류되어 있는 포로들 중 여성은 과거에 우아했거나 우아하고자 했던 사람들이기 때문이다.

* 1901~1976, 프랑스의 작가. 반제국주의 활동, 레지스탕스 경험 등 혁명적 삶을 산 것으로 유명하다. 주요 작품으로 『인간의 조건』(1933)이 있다. 『반회상록』(1967)은 급변하는 세계를 그린 사실과 허구가 혼재한 독특한 서사 구조가 특징이다.

앙드레 말로André Malraux*가 자신의 저서 『반회상록』에서 그린 이 장면을 보다 명확하게 표현한다면, 여성에게 옷은 본질적인 것이어서 노래를 부르기에 앞서 그녀들은 자신의 매무새를 바로 잡지 않았을까?

모든 아름다운 의상은 자유의 깃발이다!

여성의 어휘 사전, 패션

남성과 여성을 구분하는 가장 간단한 표시인 '바지/치마, 무
채색/화려함, 단색/화사, 장식 없음/장식 달림'과 여성 전용 품
목인 '파리의 엉덩이(버슬bustle[*])', 뜨개질 가방, 짧고 불룩한 소
매, 단을 걷어 올리고 옆트임을 준 스커트, 장식이 있고 주름 잡힌
상의, 러시아식 블라우스, 와이셔츠, 와이셔츠식 블라우스 같은
것들은 성을 구분해 주는 다양한 레퍼토리라고 할 수 있다. 19세
기 동안 그리고 패션이 발전되면서 그후 계속 있었던 일이지만,
패션 세계에서 성을 구분하는 데에는 명백한 기준이 있다. 즉 남
성은 패션에 무관심하고 여성의 일이라고 떠넘기지만, 패션 분야
에서 늘 앞장서고 있다. 여성은 선물을 받고는 여느 때처럼 고마
워한다. 여성의 자의식은 자신들의 모습에서 시작된다. 남성은
장관·사업가·학자가 되려고 하고, 여성은 우선 아름다워지려
고 한다. 남성은 유행과 연관되는 모든 것을 비웃고, 여성은 기꺼
이 자신에 대한 비웃음을 용납한다.

* 스커트의 뒤쪽 허리 부
분을 부풀려 과장하기 위
해 허리에 대는 물건. 말
안장 같은 패드를 허리 뒤
쪽에 두른 것으로, 처음에
는 고래뼈를 사용했다. 히
프라인을 아름답게 보여
여성의 에로틱한 면을 강조
했으며, 19세기 후반에서
20세기 초에 유행했다.

여성은 경멸에 가까운 조롱을 기꺼이 견뎌 낸다. 패션과의 놀이는 기쁨을 주고 선물은 축복이 되기 때문이다. 패션은 보다 많은 여성에게 공개 석상에서 의식적으로 자신의 스타일을 보여 줄 수 있는 첫 번째 기회였다. 그리고 직업을 전혀 가질 수 없던 시기에 여성은 교회에 가고 축제에 참여하고 집에서 나와 가로수길을 거닐었다. 특히 집에서는 크고 작은 가사를 돌보는 것 외에는 공통의 화제를 가지고 있지 않았기 때문에 말할 수 있는 기회가 별로 없었다. 여성이 자신의 개성을 남에게 드러내고 하나의 주체로서 독립적으로 등장하며 낯선 사람에게 눈짓을 하고 소원을 말할 수 있는 유일한 기회가 패션이었다. 패션은 마음과 감성의 언어를 준비하게 했고, 미학적 코드를 사용하기 위해 기호와 지적 능력을 필요로 했고, 또한 미학적 코드를 선택하기 위해 하나의 개성을 전제로 했다. 19세기의 여성은 언제나 패션을 매우 세련되게 이용했고 자신을 표현할 수 있는 장소인 거리, 광장, 축제의 홀을 정복했다. 여성은 의상이 주는 색채와 형태가 드러내는 말없는 언어를 뚜렷이 표출하고자 그 당시 형성된 대형 상점에서 나와 거리로 나갔다. 그리고 오늘날 의상이 주는 언어는 비록 자기 표현의 또 다른 가능성을 얻었을지라도 아직은 피상적으로 남아 있다.

남성은 여성에게 패션은 불필요한 가장(假裝)이라고 말했다. 그러면서도 남성은 여성에게 항상 새롭고 환상적인 옷으로 갈아

입으라고 권유했다. 페미니스트들은 여성이 패션의 횡포에 복종하고 말았다고 잘못된 길을 가는 자신의 여성 동지들에게 해명했다. 남성과 페미니스트들은 여성의 본질에 미학적 외양이라는 측면을 부여하면서 여성이 쉽사리 만족감을 느끼지 못하도록 해왔다. 그러나 단지 이러한 이유로 여성이 패션이라는 가장무도회를 드나들지 못하게 할 수는 없었다.

여성은 '작은 예술'에 만족하면서 자신들의 미학적 능력을 실험하는 데 익숙했다. 여성은 집을 설계하지는 못했지만 방을 꾸미고 장식했고, 서사시는 창작하지 못했지만 식탁을 꾸미는 능력은 갖고 있었다. 여성은 벽화를 그리지는 못했지만 벽지를 붙였다. 여성은 조각을 하지는 못해도 자기 자신을 꾸밀 줄 알았다.

사람들은 늘 여성이란 사물의 외관을 아름답게 꾸미고 가꾸도록 세상에 나온 존재로 간주했고, 또 여성은 그렇게 가구와 도자기를 배치하고 꽃을 꽂았다. 이런 점에서만큼은 사람들은 여성을 비웃을 수 없었다. 그런데 여성에게만 온전히 속한 여성의 옷이 비웃음의 대상이 될 수 있겠는가? 패션, 가정, 음악, 데커레이션, 일기, 편지 같은 것들은 여성이 창조적일 수 있는 '작은 예술'이었다.

그러므로 여성의 공공성은 남성적인 것과는 다르다. 남성적인 것은 정치적이고 경제적이며, 스포츠 애호 그리고 단골손님의 식탁 · 회사 · 원형 경기장에서 나타났다. 여성의 공공성은 남성적인 것 옆에 있는 부수적인 공공성이었다. 즉 패션은 거리에서 볼 수 있는 일상의 삶 속으로 친밀함을 가져다주는 것이다.

남성은 여성의 옷이 말하는 언어와 음악을 들으려 하지 않고 옷감이 낭만적으로 살랑이는지 혹은 거만하게 출렁이는지, 굽 높은 신을 신고 용감하게 혹은 거만하게 등장하는지에 귀 기울이지 않는다. 이해심은 가지지 않으면서 에로틱한 요소만 찾아보는 것이다. 그리고 옷감 속에서 스스로를 표현하는 다양한 특성을 알려고도 하지 않는다. 문학사가 페터 폰 마트Peter Von Matt* 는 자신의 저서 『간계』 속에서 남성의 무관심을 다음과 같이 가장 명확하게 표현했다.

* 1937~, 스위스의 작가. 독문학, 영문학, 예술사를 공부했고 취리히대학에서 독문학을 가르쳤다.

"아마도 남성은 이맛살을 찌푸리거나 긴장하면서 어떤 대상에 무엇인가가 달려 있는 것을 보는 반면, 여성은 어떤 사람의 어깨를 감싸고 있는 옷감을 보면서 동적인 체험을 획득하는 것처럼 보인다."

옷감으로 장식된 어깨는 여성의 특성이며, 이러한 특성이 여성의 자부심이고 오만이며, 지성이고 방종이기도 하다. 단지 여성만이 여성이 입은 옷을 보며, 남성은 여성의 벌거벗은 몸만을 보는 경향이 있다.

100년 전 게오르크 짐멜Georg Simmel** 이 "패션에 대한 무관심

** 1858~1918, 독일의 사회학자이자 철학자. 한국에도 소개된 『게오르그 짐멜 선집』에서 문화의 본질과 구분, 여성문화 등에 관한 그의 사유를 볼 수 있다. 주요 저서는 『돈의 철학』(1900), 『사회학』(1908) 등이다.

은…특별히 남성적인 것이다"라고 말했다면, 이 말은 페터 폰 마트의 말과 비슷한 것이리라. 그러나 짐멜은 그의 저서 『철학적 문화』 속의 '패션'을 논한 부분에서 다음과 같이 말했다.

"(남성이) 조화롭지 않기 때문이 아니라 근본적으로 다양한 존재이기 때문에 외적 변화가 없어도 되는 것이다."

짐멜은 패션을 19세기에 익숙한 놀이 중 하나로 파악하고 경멸했다. 그 역시 페미니스트인 짐멜은 여성에게 남은 유일한 기회는 패션을 포기하는 것이라고 보았다. 그리고 오늘날에도 그의 말과 대단히 비슷한 경향들을 찾아볼 수 있다. 그렇기에 남성적 본질, 남성의 특성, 개성, 동적 경향에 접근하려고 노력하는 현재의 해방된 여성은 패션에 대한 무관심을 강조한다. 어떤 의미에서 패션은 여성에게 직업의 내적 속성을 대변한다. 그러므로 패션의 간계, 자기 환상의 위험을 통찰하고 있는 짐멜은 다음과 같은 이야기를 했다.

"패션은 개인적 자유를 스스로 곡해할 가능성이 있는 사회적 복종을 강요한다."

짐멜은 여성의 직업 활동에 호의적인 태도를 취했으나, 지적 발전을 위한 전제인 정서와 제스처의 표현을 배우는 하나의 학교로서 여성이 패션을 소유하고 있다는 사실을 간과했다.

패션이 가져다주는 자유의 의미를 인정한다면 자기를 '꾸미는'

일이 여성에게 만족감을 준다는 사실은 그리 놀랍지 않다. 일반적으로 패션을 경멸하기 때문에 여성들은 위축되어 그 사실을 가끔 인정할 뿐이다. '패션의 지배'라는 슬로건은 여성의 입에서 흘러나왔는데, 그러면 가장 어리석은 여자들만이 의상실을 찾을까?

도덕주의는 자아 형성의 기쁨을 인지하지 않으려고 하고, 거울 속의 형상을 일깨우고 하나의 개인이고자 하는 첫걸음인 자아 성찰의 에너지를 인지하려고 하지 않으며, 가족뿐 아니라 누군가에게 보여 주고자 하는 첫 번째 기회를 인정하지 않으려고 한다. 남성도 페미니스트들도, 순수한 정신과 훌륭한 의지도, 여성이 쇼핑하며 느끼는 기쁨과 자아 형성을 포기하도록 유혹할 수는 없었다. 비록 낯선 사람에 의해 아이디어가 나오고 옷의 재질과 형태가 선택되고, 더욱이 20세기까지 남성이 의류 생산의 주도적 역할을 했지만, 자신에 대해 책임을 느끼도록 하면서 가장 오래되고 오늘날에도 항상 처음인 쇼핑에 대한 기억은 여성을 결합시킨다. 곧, '나는 옷을 입는다, 그러므로 나는 존재한다'이다.

여성의 해방은 신체에서 시작하는 것이지 정신에서 시작하는 것이 아니다. 역사적 발전에서 그 예를 찾아보아도 그렇다. 직업을 가지고 공공장소에서 자유롭게 행동할 수 있었던 첫 번째 여성은 매춘부*였다. 그런 여성들은 단지 무언의 의상으로 자신을 표현했다. 특별한 동작을 보여 주기 위해 모든 신체 부위에 유행

* 19세기 초 대중 앞에 나설 수 있는 여성은 고급 매춘부들이었다.

을 따르는 악센트를 주면서 에로틱한 부분만 강조하고 드러내던 그녀들은 시민 계급의 여자들과는 달랐다. 물론 남성과 교류하면서 존경 받는 여성도 훌륭한 사회에서 제외된 동료 여성의 스타일을 받아들였다. 유행을 좇는 모습으로 남들의 관심을 끌고 모든 여성에게 해방의 의미를 보여 주는 것이 조르주 상드George Sand*를 비롯한 엘제 라스커쉴러Else Lasker-Schüler** 등의 작가들과 여성 예술가들의 의무였다. 문학과 패션의 언어를 결합시킬 줄 아는 여성은 지적인 여성이다.

　19세기 여성의 개성 문제에 대해 남성의 저서가 더 많이 발행된 현상은 남성이 패션에 반대하여 대단히 많은 경멸의 말을 내뱉었음을 뜻한다. 남성은 패션이라는 극장의 연출가이자 패션 학교의 선생이었다. 그러나 그들의 여학생은 남성의 주도권에서 빠져나와 성장하려고 했다. 이에 선생들은 자구책을 꾀하면서 더욱 공급을 확대했다. 그들은 현저히 비실용적으로 변형한 장식·레이스·코르셋·치마·머리 장식·신발들을 학생들에게 보급하고 즐기도록 했지만, 그것들은 역설적으로 제자들이 자유의 세계로 출발할 수 있도록 시동을 걸어 주었다. 여성은 패션을 누릴수록 불편해진다. 옷감 때문에 어떤 이들은 부동자세를 유지해야 했다. 왕비들은 이것을 품위를 표현하는 데 이용했다.

　그러면 19세기의 여성은 어떠했는가? 여성이 메리 울스턴크

* 1804~1876, 프랑스의 작가. 중년에 전원소설을 써 작가로서 유명해졌다. 데뷔 당시 남장을 한 채 파리 시내를 활보하며 자유로운 연애를 하여 항상 가십의 대상이 되었다.
** 1869~1945, 독일의 작가. 이미지와 상징성을 풍부하게 그려 내어 독일의 대표적 표현주의 작가로 불린다. 개성 있는 오리엔탈풍 의상을 입고 베를린의 카페와 거리를 활보하며 작가들과 교류했다. 시집 『나의 기적』(1911)과 희곡 「부퍼강」(1909) 등이 있다.

* 1759~1797, 영국의 작가이자 여권신장론자. 여성 자신의 자각을 호소하는 『여성의 권리 옹호』(1792)를 저술하여 기존 사회 관념에 도전했으며, 여성의 교육적 · 사회적 평등을 주장했다.

라프트Mary Wollstonecraft*의 여성 단체에 대해 들어 본 적이 있거나 한 번이라도 영국의 여성참정론자를 보았다면, 다른 결과가 나왔을 것이다. 여성은 자신들의 말없는 수사학에서 사용하던 단어들을 미학적인 어휘 속에서 찾아내고 있었다. 어쨌든 여성은 올바른 방법을 발견할 때까지, 마침내 사회가 다른 언어를 사용하도록 허용할 때까지, 간단히 말해 여성이 자신의 직업에서 능력을 발휘해도 될 때까지 오랫동안 패션을 자신의 표현 수단으로 이용하면서 여러 역할을 시도했다.

그때부터 여성은 남성의 폐쇄적인 태도와 의상 형태를 더욱 수용하는 경향을 보였다. 20세기 초, 코코 샤넬Coco Chanel은 이러한 혁명을 주도한 최초의 여성으로서, 패션을 창조했을 뿐만 아니라 일찍부터 와이셔츠와 바지로 여성을 남성화했다. 비록 그후에도 보수적 경향은 계속되었지만, 바지 착용 문제에서뿐 아니라 성의 의학적 구분이 꾸준히 불확실해지면서 성의 평등화, 이른바 유니섹스로 발전했다. 여성은 직업 전선에서 남성과 같은 수준으로 확실하게 인정받으면서 유행에 따르는 언어를 더는 필요로 하지 않게 되었다.

패션은 여러 현상으로 변화하면서 명맥을 유지했는데, 현재 청소년을 위한 패션으로 발전했다. 사회적 창조가 진행되는 과정에 아직 참여하지 않은 이들을 위한 '패션'은 마지막으로 '몰아'

라는 말없는 언어를 발견했다. 그러나 과거 시민적 패션이라는 국면에서처럼 몰아의 언어는 직업을 갖기 이전의 언어다. 청소년들은 제한된 코드를 지배한다. 오늘날 패션 언어와 패션 아이디어에서는 빈곤함이 역력한데, 패션 잡지만 확증도 없으면서 한껏 엉뚱함을 펴보이며 여성의 자유를 확립하고 있다. 청소년을 위한 패션이라는 경향 외에 패션은 지역화되어 이제 사회적 표현력을 상실했다. 여성은 미학적 교육의 커리큘럼을 전부 이수했을 뿐 아니라 패션 학교는 항상 독서 중심의 학교이기도 하다. 귀족들의 궁전 같은 조화로운 사회의 구심력을 갖지 못한 시민 사회를 위해 18세기 이후 스타일을 다루는 잡지의 발간이 증대되었다.

오늘날 사회는 여성을 위한 보수적인 형상을 다른 어떤 것보다 패션 잡지로 주입하려 한다. 20세기까지 모든 패션을 창조하던 남성은 잡지의 사설을 통해 진행되고 있는 해방에 제동을 걸었다. 이 책에서는 패션 잡지에 대해 가능한 한 많이 다루고 패션 자체를 다룰 것이다. 잡지는 고통스러운 모순을 내포하는 한편 해방된 여성의 자의식—자신을 위해 남성이 되어라, 아니면 그를 위한 여성으로 남아라!— 을 확립시키려고 노력하기 때문이다.

패션이라는 전문 분야의 교육자로서 남성은 패션에 대해 많은 생각을 하고 글을 썼다. 토머스 칼라일Thomas Carlyle,[*] 프리드리히 테오도르 피셔Friedrich Theodor Vischer,[**] 존 칼 플뤼겔John Carl

* 1795~1881, 스코틀랜드 출신의 평론가이자 역사가. 잡지에 연재했던 『의상 철학』이 1938년 런던에서 출판되었다. 그중 「사르토르 레사르투스」('조각조각 기워 맞춘 재단사'라는 뜻)에서 의상을 일종의 상징으로 파악했다.
** 1807~1887, 독일의 미학자이자 문화비평가. 헤겔의 관념론 개념을 미학 이론에 도입하여 리얼리즘 예술을 반박했다. 저서로는 『미학 또는 아름다움의 과학』(1846~1857) 등이 있다.

* 1884~1955, 영국의 심리학자. 1920년대 후반부터 1940년대 후반까지 의상에 대한 정신 분석과 사회적 심리에 관한 연구를 했다. 그는 『의상의 심리학』(1930)에서 의상에 장식, 겸손, 보호의 의미가 있다고 주장했다.

** 1870~1940, 독일의 풍속사학자. 기자로 일하며 정치 풍자적 글을 다루다가 각종 인쇄물에 나타난 풍속에 관심을 갖게 되었다. 저서로는 『캐리커처로 본 여성 풍속사』(1906), 『풍속의 역사』(1910~1912)가 있다.

*** 1905~1980, 프랑스의 기호학자 · 문화비평가. 소쉬르의 구조주의 개념을 문학 연구에 적용하여 신화 · 기호 · 텍스트 · 문학 분야를 넘나들며 기호 작용을 분석했는데, 패션을 기호의 일종으로 보고 분석했다.

**** 1962~, 미국의 작가이자 페미니스트. 일찍이 여성운동에 참여했고 박사학위 논문 『미의 신화』(1997)가 출간되며 이름이 알려졌다.

Flügel* 그리고 에두아르트 푹스Eduard Fuchs**에서 롤랑 바르트Roland Barthes***에 이르는 이론가들은 패션을 미학적 특별 영역으로 고립시켰다. 그러나 그들은 여성을 위한 개성의 학교로서 패션이 지닌 의미를 간과했다.

패션은 각 문화와 시기마다 고유한 특성을 가진 인류학적 형상으로 간주할 수 있다. 그러나 남성은 패션을 포기되지 않은 어리석음으로 파악했고, 대부분의 이론가는 하나의 상징 체계로 보았다. 그러나 여성을 위한 명료한 표출 언어로서의 가능성이라는 의미는 모든 것을 능가하고 있다. 왜냐하면 그 의미는 패션에서 창조할 수 없는 부분이기 때문이다. 이론가들은 패션을 남성의 창조물로서 이야기하고 있다. 그러나 예술가들은 수용자들의 감성에 미치는 영향에는 그다지 관심을 보이지 않는 것 같다.

오늘날에는 패션을 창조하는 일뿐 아니라 패션 이론을 만드는 일이 여성의 손으로 넘어갔다. 이제 여성이 패션의 창조자이고 판매자며 철학자다. 이론 영역에서 의상을 입은 대상에서 주체로 보는 관점의 변화가 이루어졌다. 미국의 젠더 연구는 남성과 여성의 지배 구조를 연구하고 패션과 젠더를 연관시키면서 패션을 권력의 매체로 묘사하고 있다. 독일에서는 젠더 연구의 영역보다 확대된 공공성이라는 영역에서 나오미 울프Naomi Wolf****의 비탄만이 알려졌다. 여성은 확신을 가지고 자신의 고통에 대한 분석 결과를 인용하고 있다.

"아름다움에 대한 테러는 여성을 신체적으로 파괴시키고 여성의 영혼을 잿물에 담가 세탁을 하는 것이다."

나오미 울프의 『미의 신화』라는 책만이 패션에 내재된 여성을 위한 기회들을 간헐적으로 다음과 같이 고백하고 있다.

"아름다움의 신화는 태도를 위한 하나의 견본을 정해 놓은 것이지 외적인 질을 말하는 것이 아니다."

그러한 '규정'에 따르는 것을 하나의 만족으로 볼 수 있다는 것이다. 왜냐하면 해방된 텍스트가 인정하려 하지 않는 것은 자유의 태도에 지침이 될 견본을 미리 준비하는 것이기 때문이다. 여성은 유행에 따를 것을 스스로 결정한 순간부터 항상 자유로움을 느낀다.

미국 패션을 탁월한 방법으로 분석한 책으로 널리 알려진 문화비평가 바바라 핑켄Barbara Vinken[*]의 『패션을 따르는 패션』이 독일에서 출간되었다. 핑켄은 젠더 연구의 모범을 따르면서 남성과 여성의 관계에 대해 말했다. 특히 오늘날에도 많은 작품을 생산하지만 별 관심을 얻지 못하는 패션 세계의 한 부분이자 유럽의 전통인 오트 쿠튀르를 집중적으로 언급하고 있다.

'상상'과 '입혀지는'(롤랑 바르트의 표현) 패션 사이의 유희는 젠더 연구에 별다른 역할을 하지 못한다. 그러나 주목받을 만한

[*] 뮌헨대학의 문학과 교수로 『독일의 어머니』라는 저서에서 직업과 모성애의 결합 가능성에 대해 썼다.

패션의 제안과 일상복은 여성에게 저마다 사용하는 어휘 사전 같은 것이다. 머릿속에 한 번도 입 밖으로 나오지 않은 수많은 아름다운 단어가 자리 잡고 있는데, 패션은 이 단어들이 세계 속으로 표출되도록 유도한다. 모든 여성은 집에 앉아 있든 밖으로 뛰쳐나와 있든 패션의 해방가를 부르고 있는 것이다.

1장 패션을 읽다

01_ 학습 목적: 마조히즘

여성 교육에서는 꿈 자체가 목표다. '이성적' 여성 독자의 학구열은 특별한 여성적 이성과 교태 사이의 경계선을 혼동해서는 안 되고, 지나친 현명함으로 남성을 기분 나쁘게 해서도 안 된다. 매력과 지적 능력 사이의 균형을 유지하는 것보다 어려운 일이 있을까?

"대중은 작업복을 입고 있다.

사람들은 여성 속에 있는

주부를 순간마다 핵심으로,

또는 대중으로 보게 될 것이다.

단지 선택된 소수만이

새로운 정신세계를 창조할 것이다.

남성과 치열한 경쟁을 하면서

여성은 남성과 어깨를 나란히 하려 할 것이다.

그리고 남성이 그 속에서도 주장할 수 있을지

이제 우리는 곧 알게 될 것이다!

우리에게 공간을 주시오, 그대들 경직된 남성의 세계여!

우리는 견고한 틈새를 부수었다.

그리고 만약 견고한 담의 마지막 돌이 떨어지면,

당신들과의 투쟁을 감행할 것이다.

우리가 선도적으로 이끌고 가는 제목 '해방되었다'는

점차 사라져 가겠지만,

우리가 너무 약하다는 편견에서

남성은 해방될 것이다."

남성의 세계는 침묵하고 있다. ― 그들만의 좁은 영역에서

마치 봄 날씨처럼 모든 심장을 뚫고 고요해진다.

금발의 여성이 스스로 조용히 생각하고 있다.

"내가 공부하게 된다면, 그것은 패션 잡지일 것이다"라고.

ㅡ「이 잡지는 주부의 것이다」, 1894년 6월 23일

| 패션 잡지를 읽다 |

많은 사람이 독서를 하지만, 사실 그림책을 더욱 선호하는 것 같다. 예를 들면 어린이와 여성은 같은 수준이라고 평할 수 있다. 서점의 판매 부수를 고려하거나 문학의 집으로 몰려가는 현상은 많은 여성이 삽화 없는 소설을 읽는다는 사실을 증명해 준다. 그러나 교양은 지식과 예술의 향유와는 다른 것이다. 즉 일반적인 교양은 한 사람의 정신 상태와 일상의 전체적인 면을 결정하면서 모방과 제스처를 두드러지게 하지만, 여성의 교양은 그림으로 인해 더욱 커다란 영역이 완성된다. 패션 잡지는 여성의 교과서다. 곧 패션 잡지는 일상의 소박한 면을 다루면서도 직업, 사랑, 의학에 관한 기본 지식을 아주 자세히 설명해 준다. 대부분의 패션 잡지는 읽는 이에게 훌륭하게 처신할 수 있도록 믿을 만한 조언을 해준다. 간단히 말해 자아 정의를 위해 가장 중요한 방향을 설정하도록 도움을 주는 것이다.

여성이 사는 책 중에는 소설이 가장 많고 시집은 비교적 적은 편이며, 그 외에 여행기가 있고 가끔 백과사전과 교과서가 있다. 이러한 서적들의 판매 부수를 패션 잡지와 비교하면, 여성이 지닌 진실한 교양의 중심이 어디에 있는지 알 수 있을 것이다. 『브리기테』라는 잡지는 격주로 출간되는 독일의 주도적 여성 잡지로 100만 부 이상이 팔리며 300만 이상의 여성 독자를 확보하고 있다. 『여자 친구』, 『당신을 위하여』, 『거울 속의 여성』이라는 잡지도 자랑스러운 숫자를 기록하고 있다. 『여성의 모습』이라는 잡지의 경우 판매 부수는 200만 권에 달한다. 이러한 거대 잡지들에 『코스모폴리탄』, 『부르다 패션』, 『페트라』 그리고 『엘르』, 『보그』, 『마담』 등 독점적인 잡지들이 포함된다.

매주 혹은 격주로 독일 여성 독자의 절반에 이르는 수백만 여성 독자가 다양한 수준의 잡지에서 격조 있는 '부인'이 되는 정보를 얻는다. 학교에서 실시하는 성을 주제로 한 비전문적 예비 교육은 이러한 특별 교육을 모방하고 있다. 여성의 패션 학교는 이러한 이중적 질서를 만들어 내는 것이다.

여성은 개성 교육을 목표로 하는 패션 학교를 200년 전부터 다녔다고 할 수 있다. 잡지가 생긴 이후 여성 잡지와 패션 잡지가 발행되었는데, 최초의 잡지는 1758년 프랑스에서 발간되었고 같은 해에 라이프치히에서 『새로운 패션과 유행 잡지』가 발간되었으며, 잡지들은 여성을 위한 책의 대부분을 차지하게 되었다. 1840년 이후 독일에서는 140종의 패션 잡지가 유통되었다. 장 파울Jean Paul*이 이중적인 의미로 패션 잡지를 '뜨개질 책'이라고 평하고, 또한 1802년 『패션과 기호의 연감』이라는 잡지의 제목이 말해 주는 것처럼 당시의 패션 잡지들은 '춤, 연극, 음악, 미술, 그림, 뜨개질 등의 우아한 대상들과 미적 판단을 위한 것'으로 이루어졌다. 패션 잡지들은 유럽의 주요 도시를 소개한 다음 기차 시간표와 기차표 가격에 대한 서비스를 제공했다. 물론 패션 잡지의 영향은 오늘날 여성 대부분의 삶의 영역으로까지 확대되지는 않았지만, 잡지는 수백 년에 걸친 노력 끝에 이루어진 교양의 이념을 추종하고 있다.

여성은 여성 잡지를 읽을 때 가장 자신에게 집중한다. 여성은 저녁에 전등 아래서 홀로 여성 잡지를 읽으려고 심지어 사랑하는 남편을 쫓아낼 수도 있다. 잡지가 일종의 커튼 역할을 하기도 하고, 신체의 예민한 영역들보다 더욱더 부끄러워하는 영역을 차단한다는 것을 남편은 알고 있다. 남성과 여성은 아직도 서로 밀접하게 결합하고자 한다. 그러나 여성 잡지는 그 둘을 잠시 격리시

* 1763~1825, 독일의 소설가. 본명은 장 파울 리히터로 독일 문학사상 레싱이나 괴테에 비견되기도 한다. 저서로는 『거인』(1800~1803)을 비롯하여 독일낭만주의 연구의 중요 문헌에 속하는 『미학 입문』(1804) 등이 있다.

킨다. 남성은 여성 잡지를 경멸하여 없애려고 한다. 여성이 잡지에 파묻혀 있으면 자신들이 불편해지기 때문이리라. 그들은 여성과 싸우지도 못한 채 물러서면서 부인이나 여자 친구들이 살아가는 데 별 의미도 없는 옷 걸쳐 보기, 새 옷으로 갈아입기에만 신경쓴다고 생각한다. 그러나 사실 남성이 즐겨 감상하는 아름다운 여자들이 있는 그림은 여성이 즐겨 보는 중요한 목표가 아니며, 잡지의 내용 자체가 더욱 중요한 부분이다. 여성은 자신들이 추구하는 실질적인 목표를 읽고 있는 것이다.

패션의 그림들은 단지 잡지 텍스트의 내용만을 설명하고 강조하며, 텍스트에 적혀 있는 것을 제스처로 옮겨 놓고 스타일로 변화시켜 독자들에게 보여 준다. 여기에서 미 · 자극 · 만족 · 미학적인 인정이 문제가 되는데, 여성은 일반적으로 환상에 익숙하다. 그렇지 않다면 텍스트를 통한 교육은 성공할 수 없다. 그녀들은 멋있는 자동차, 바닷가, 모래사장, 숭고한 산을 배경으로 하는 우아한 호텔, 파리에 있는 거리 카페, 바르셀로나, 시드니 등 지상 낙원을 약속하는 그림을 즐기는 것이다. 주위는 쇠 · 돌 · 아스팔트로 되어 있고, 그 중심에 부드러운 옷감으로 감싼 살아 있는 그녀들이 있다. 젊은이들이 경영학 혹은 천체물리학을 공부하면 큰돈이나 명성을 얻을 것이라고 희망하는 것처럼, 이러한 그림들은 믿을 만한 것이다.

물론 패션 잡지가 유혹하는 대상은 젊은 남성이 바라는 유형의 여성이 아니다. 여성 교육에서는 꿈 자체가 목표인데, 그 내용은 잡지 속에서 여성이 일생 동안 직업을 가지거나 어머니로 혹은 실망한 아내나 애인으로 성실하게 살 수 있는가 하는 문제를 다루는 것들이다. 이러한 잡지와 결합하는 것이 한 남성에 매달리는 것보다 안정적일 수 있다.

여성이 공부하는 주간별 학습 코스에서 첫 코스는 언제나 그림 읽기다. 이 그림 읽기를 통해 여성 독자는 그렇게 되어야만 하는 자신들의 모습에 관해 하나의 예감을 얻고, 텍스트를 통해 의식을 부여받는다. 18세기 이후 그림 읽기는 기본 교육이 되어 여성 교육을 위한 커리큘럼에서 입문서 역할을 한다. 『젊은이』는 그 잡지 이름과는 달리 여성 또한 독자로 삼았다. 이 잡지가 추천하는 가볍게 읽는 책의 주요 선정 기준이 그림이었다.

"(여성 독자들을) 위한 저서들은 그다지 존경 받지 못한다. 이런 책들은 주간지이고, 즐거움을 주는 작은 논문이고, 도덕과 철학의 특별한 부분에 대한 토론, 교육적인 소설, 그림으로 읽을 수 있는 전집이다."

이러한 프로그램은 오늘날까지 추종되고 있다. 여성은 어린아이처럼 그림의 독자로서 자신들의 교육을 시작한다. 그들의 교과서는 어린이용 책이다. 세상에 대한 지식은 색, 유희, 인간과 동물 세계에 대한 일화, 우화, 시 등으로 확장된다. 어머니의 손에서 빠져나와 여성은 예전에 자신들의 어머니와 마찬가지로 아이들을 계속 이끌어 가는 패션의 학교로 들어간다. 나이 들어 가는 (어머니들이 이제 정기 구독을 중단하자고 하면) 어머니의 딸은 여성 잡지 정기 구독을 해지하지 못하게 어머니를 설득하는 것이다.

여성 관찰자가 오늘날 패션 잡지의 사진에서 내보이는 것은 자신들의 수준, 특히 동년배끼리만 통하는 말이다. 패션 잡지의 인물들은 버릇없는 아이처럼 행동한다. 여성은 어린아이처럼 놀면서 그림을 통해 배우고 스스로 어린아이로 남는다.

『브리기테』의 2005년 3월 표지에 등장한 서른 살 난 여성보다 더 바보스러운 경우가 있을까? 즉 휴가를 보내는 낙원에서 선생님—노란색 벨트가 있는 황갈색 의상은 스마트하지만 교장 선생님에게 약속했듯이 완고하고 우아하다—은 방금 도착한 야자나무 아래서 모자를 쓰고 그동안 갖고 있던 모든 삶의 생기를 공중으로 발산하면서 자신의 지위를 유지할 수 있을 것이다. 여자 고등학교의 휴식 시간은 패션 잡지 속에 나오는 것 같지는 않다. 여성은 패션 잡지에서 계집애일 뿐이다. 그들은 춤을 추고 팔을 휘두르고, 모래 속으로 몸을 던지고, 반바지 차림으로 거리로 달려 나간다. 그리고 이리저리 돌아다니는가 하면 네바다의 사막 한가운데에 도시적인 바지 차림으로 서 있는 것이다. 뜻밖에 슬

럼가의 곰팡이 핀 나무 벽 앞에 서 있기도 한다. 그녀는 굽 높은 신발을 신고 그곳에 무엇을 가지고 갈 수 있겠는가? 그녀들은 굽 높은 신발 때문에 접질리기도 하지만, 전설적인 분위기에 감탄하고 놀라기를 자제하지 않는다. 이제 그녀들은 존재하는 것에 행복함을 표현한다. 사람들은 단지 그녀들이 미쳤다고 말할 수 있을 뿐이다.

이제 매우 보편적인 비평이나 광고는 거짓과 바보를 만들어 내고 있다. 광고에 나오는 사람은 어떤 물건을 위해 포즈를 취하는가? 무엇 때문에 달라졌는가! 자동차 잡지에 나오는 좁고 꼬불꼬불한 길을 최고 속도로 달리고 있는 스턴트맨은 남성 독자로 하여금 다음번에 구입할 포르셰를 떠올리게 한다. 즉 비싼 매킨토시 앞에 앉아 있는 지위 높은 사장은, 남성으로 하여금 높은 이윤을 추구하면서 그를 위해 컴퓨터를 치며 일하는 여비서를 갖고 싶은 소망을 마음속에 품도록 자극한다. 그러나 여비서는 패션과 화장의 의미를 받아들이면서 자신만 생각한다. 남성은 대상을 구매하지만, 여성은 자신이 대상이다. 그러므로 남성은 조합하는 데 시간과 환상이 거의 필요 없는 옷을 입고, 진지한 대상들에 집중하기 위해 그중에서 얼마간을 남겨 놓는다. 반대로 자신을 단념하지 않는 패션의 제안은 여비서를 혼란에 빠뜨린다. 모든 패션 잡지는 자아 반영이라는 불행한 방법을 목표로 삼는다. 다시 말해

패션 잡지는 자신을 만들기 위한 즐거움으로 제공되고, 육욕적인
면이 있는 자아에 의구심을 갖는 교육으로 탈바꿈하는 것이다.

| 자아 반영 |

패션 잡지가 사진 속 모델을 통해 보여 주는 여성은 젊음의 자
부심을 지녔으며, 그 자부심은 단지 자아에 대한 질문을 위해 심
혈을 기울여 미리 트레이닝을 준비하는 것으로 보인다. 수백만
여성은 패션 잡지의 도움을 받아 자신의 가장 중요한 문제, 즉
'나의 모습은 어떤가? 나는 어떻게 보여야 하는가?' 하는 문제의
주변을 맴돈다. 남성에게—다행히 여성은 패션 잡지를 통해 성
숙을 도모하지 않아도 된다—삶은 오늘날의 불필요한 자아 성
찰에 다음과 같은 답을 준다. 삶은 당신들에게 당신이 누구인지
말해 준다. 간병인인지, 의사인지, 매니저인지 혹은 자의식이 있
는 여성인지, 간호사인지, 재무 관리인인지, 박물관장인지 말이
다. 『여자 친구』, 『브리기테』, 『페트라』 등의 잡지들은 『당신을
위하여』라는 잡지와 같이 많은 설문지를 통하여 어떤 영향력을
발휘하고자 하면서 독자들의 성격을 교육한 결과를 시험해 본다.
'당신'의 모습은 어떻습니까?

"당신은 아름답습니까? 스포티합니까? 개방적입니까? 당신

은 용기가 있습니까? 정서가 안정되어 있습니까? 혹은 변화가 심합니까? 당신은 구두쇠입니까? 낭비가입니까? 당신은 자신의 상사에 대해 올바른 태도를 지니고 있습니까?"

질문서들은 다음과 같은 것을 증명한다. 말하자면 아름다운 몸매에 대한 남성의 몇 가지 칭찬은 여성이 자의식을 형성하도록 하는 것이 아니라 여성을 자신들의 잡지에 묶어 두기 위해 이러한 부족함을 이용하는 것이다. 즉 그녀들의 의구심을 달래 주고 용기를 주는 해법을 제공하는 것뿐이다. 그러므로 여성 잡지들은 한 여자 친구가 다른 여자 친구에게 위로해 주는 것처럼 여자의 이름을 제목으로 한다(남성 잡지는 그와 반대로 클라우스디이터, 우베, 마르쿠스 등과 같은 남성의 이름을 제목으로 쓰지 않는 대신 컴퓨터, 서핑, 플레이보이 등 사물의 영역을 명시한다. 그러한 것들에 대해 독자는 전문가나 전문가처럼 보이고자 하는 것이다).

그림을 열심히 보고 난 후 여성의 커리큘럼은 신체뿐만이 아니라 세 번째로 정원의 울타리까지 이어지는 집과 연관된다(첫 번째는 피부이고, 두 번째는 의상이다). 여성 전문학교에는 두 가지 규범만이 있다. 바로 건강학과 애정학이다. 현대 여성은 마음과 위(胃)로 구성되어 있다. 마음은 사랑, 질투, 간통 사건이 개입되거나 개입되지 않은 부부 간의 파탄, 연애 사건, 남자 친구와의 첫 휴가 등을 심사숙고한다.

"나는 어떻게 친밀감을 잘 이용할 수 있을까?"

성적인 수치심을 느끼곤 하지만 곧 그것을 극복하고는 그 '남자'가 감기가 들면 무엇을 해야 하나, 아이를 가진다면 '언제, 어떻게, 누구의' 아이를 낳을까 등을 생각하는 것이다.

건강학은 사랑학보다 더욱 강력한 요구를 한다. 건강학에 대한 관심과 함께 마조히즘이라는 교육이 시작된다. 음식 섭취와 신체 트레이닝을 위해 잡지는 고등학교의 교육 과정과 비슷한 시간표를 짠다. 연습을 위한 1일 시간표와 주간 시간표를 짜는 것이다. 시간표는 신체에 적합한 순간 칼로리와 비타민이 투여되도록 식사에 대한 지시를 한다. 이러한 계획표에는 이론과 실제, 의학적 지도, 체조 그리고 요리 강습이 있다.

여성은 날씬해지려는 종교의 여사제다. 패션 잡지는 이러한 종교의 교리문답서이고 모든 종교와 마찬가지로 죄의식과 여성을 결합시킨다. 살을 빼려는 여성을 위한 시간표인 운동 프로그램은 그녀들이 좌절하도록 짜여 있다. 그리고 슬프게도 여기에는 성적 나쁜 여학생만 있다. 아름다운 몸매가 아니라 억압받았다는 느낌을 결과로 얻을 뿐이다. 무엇보다도 식사 조절을 견뎌 내는가, 견뎌 내지 못하는가에 대한 정보는 모순투성이다.

이러한 교육에서 모든 방향 설정은 계략이기 때문에 혼란을 초래하고 우울하게 만든다. 즉 한때 건강하던 사람이 반년 뒤 암에 걸렸다고 판명되면 그 사람은 삶을 허송한 셈이 된다. 다이어트를 위해 몇 주짜리 프로그램에 따르지만 실패로 끝나는 것이 다반사인데, 윤기 나고 화려한 음식 사진은 굶주리고 트레이닝에 지친 모든 여성을 부엌으로 달려가게 만들고 거부할 수 없도록 유혹한다. 그렇게 그녀가 자신의 종교를 배반하는 대신 체중은 불어나고 자의식은 곤두박질친다. 그렇지만 여성은 최선을 다하며, 물론 결과는 늘 최악이다.

* 1968년에 일어난 프랑스 5월혁명. 드골 정부의 실정으로 인한 저항 운동과 총파업을 뜻한다. 파리의 몇몇 대학에서 학생 운동으로 시작되어 프랑스 전역의 학생과 노동자 파업으로 이어졌다. 그 영향은 지대하여 프랑스는 평등, 성 해방, 인권 등 진보적 경향을 갖게 되어 오늘날까지 이르고 있다.

68운동*의 비평은 여성이 패션 잡지를 통해 어린아이처럼 되고 불안해지며 남성의 대상으로 전락하고 만다고 여성 교육을 지적했다. 그러나 여성의 마조히즘, 국민의 질병, 절친한 친구들, 사랑하는 사람과 남편들이 여성에게 말해야 하는 비밀스럽고 오래된 질병에 대한 교육에는 관심이 없었다. 그렇지만 여성은 비밀을 갖고 있다. 왜냐하면 여성은 자신들의 여성 파트너와 함께 가벼운 우울증 같은 특별한 경우를 즐기기 때문이라고 그들이 말하기 때문이다.

| 우스꽝스러운 노파들 |

패션을 가르치는 여자 고등학교의 교장 선생님은 희망과 실망 사이를 오가면서 교육하고 있는데, 그런 그의 이름을 아는 사람

은 사실 거의 없다. 그는 친절하게 인사하지만, 자기 자신을 소개하지는 않는다. 그는 항상 이렇게 이야기해야 하기 때문이다.

"나는 늙은 사람입니다."

노인이란 패션 화보에 있는 여성으로 하여금 노인에 대한 예언이 맞지 않는다는 것을 증명하기 위해 미친 듯이 곡예를 하도록 만드는 독재자 같은 존재라고 할 수 있다. 노인은 여성에게 이러한 꿈을 갖도록 허용하고 여성들도 그렇게 생각하고 있다. 노인은 자신의 아름다움과 젊음에 관심이 있기 때문이다. 그래서 이 교장 선생님은 사디스트다. 즉 자신이 얼마나 움직일 줄 모르고, 얼마나 지쳐 있고, 얼마나 나이 들어 보이는지를 깨닫게 해주는 거울 앞에서 자신의 춤을 보여 줄 줄 아는 사람이다. 여자는 젊었을 때부터 웃을 때 생기는 주름이 노년의 징표이고, 모든 주름이 죽음의 암시임을 안다. 패션 잡지의 세계상은 사람들이 18세기부터 기대해 왔던 것보다 중세적이고 계몽되지 못했다. 여성은 '세상'*과 같은 알레고리가 보여 주는 유혹적인 면을 지니고 있다. 그러나 자세히 보면—이것은 스스로 시작하는 것인데—'세상'은 늙은 할멈이다. 이 새로운 '세상'은 화장으로 젊게 보이는 데는 성공할지 몰라도, 어쩔 수 없이 몰락하여 계속 출판되는 잡지들을 넘겨 보면 여성을 유혹하면서도 경악시키는 진실을 갖추고 있음이 곧 드러난다. 아름다움과 젊음을 약속하는 모든 패션

* 속세의 감각적 즐거움과 행복을 형상화하는 중세적 개념의 알레고리다. 그녀는 유혹하듯 아름다운 여성이지만, 이면에는 더러운 고름과 해충으로 덮혀 있다. 슈트라스부르크 성당을 모방하여 보름스 성당 남쪽 문 오른쪽에 '세상'의 인물들이 형상화되어 있다. 세상의 모습에 황홀해진 한 기사가 무릎을 꿇고 있다. 그러나 그녀의 본성은 뒷면을 통해 드러나는데, 뒷면은 두꺼비와 뱀 그리고 세상의 더러움으로 되어 있다. 오이겐 드레브만은 그의 동화 「홀레 부인」에서 계모를 '세상'으로 해석하고 있다.

사진과 노년을 예언하는 화장품 광고는 서로 대립한다. 젊은 몸매를 갖기 위해 트레이닝 계획을 세우지만, '그녀의 주름 방지 계획'은 앞으로 모든 육체에서 나타날 수 있는 쇠락의 날짜를 예약하는 것이나 마찬가지다. 조형적인 신체만이 여성의 자아 형상의 이상이다. 여성의 걱정은 무엇보다도 외양인 피부이고, 피부는 무상함에 대한 확실한 지침이다. 유행을 따르는 여성이라도 하나의 얼굴을 가지고 있다. 얼굴은 주름이 가장 먼저 나타나는 곳이다. 시간을 보여 주는 것은 정신이 아니라 주름이기 때문이다.

모든 여성은 노년에 대한 불안감으로 모래시계를 연상하며 남편을 본다. 사랑의 행위를 하고 난 다음 날 아침, 전날 즐겼던 아름다움을 자책하는 독백이 어떤 의미를 지니고 있는지 남자 친구와 애인은 이해하지 못한 채 그냥 듣기만 한다. 여성은 자책한다 (직장 여성도 이런 일에는 자유롭지 못하다). 직업에서 이룬 성공도 결점, 무엇보다도 늙음을 보상하지는 못한다.

젊은이들의 광기와 노년에 즐겨 입게 되는 두꺼운 조끼, 미적 감각 그리고 죽음에 대한 두려움 사이의 전쟁은 여성의 자의식 속에서 일어나지만, 남성의 관점에서 보면 하나의 익살극에 불과하다. 여성은 많은 사람에게 외국어로 이야기한다. 위로를 청하는 그녀들은 '옆구리 찔러 절 받는 것'으로 세상을 즐겁게 하는 것이다.

마지막으로 남성은 여성이 자신들을 사랑하고 존경만 한다면

그런대로 견딜 만하고 쓸모가 있다고 느낀다. 그리고 여성처럼
전투 준비를 끝낸다. 그러나 여성만이 괴로움의 언어를 잘 알고
있다. 징징거리는 말은 건강하다는 것을 희화하는 것이고, 행운
아에게서 우스꽝스러운 모습이 도출되는 것이다. 모든 여성은 몰
리에르 작품의 제목처럼 '상상병 환자'다.

| 반쪽의 교양, 반쪽의 미래 |

　여성의 학교에서 목표로 삼는 학습인 마조히즘이 그리 자명한
것은 아니다. 그러나 마조히즘은 패션 잡지의 역사를 보여 주며,
의학적 화장의 발전과 함께 항상 시대를 앞서고 있다. 그러나 여
성의 삶에서 불행을 초래하는 사람은 바로 여성 자신이라고 할
수 있다.

　18세기의 여성 잡지는 오늘날처럼 자아 반영과 자아 학대를
목표로 하지 않았다. 패션 잡지는 시대정신이 요구하는 대로 학
문과 지식에 여성도 참여토록 하는 계몽주의의 산물이었다. 물론
여성을 위한 작은 교육 프로그램이 추가로 제시되었다. 그리고
여성을 위한 교육의 범위와 목표는 부분적으로 교양이 무엇인지
에 대한 개념을 강조하고 있다.

　아직 '교양'이라는 개념이 성립되기 전에 사람들은 여성을 교

1700~1766, 독일의 비평가. 오락 수단에 불과하던 독일 연극에 고전극을 올리기 위해 활동했다. 1725년부터 2년간 『합리적 여성 비평』이라는 잡지를 발간했다.

** 기원전 65~기원전 8, 고대 로마의 시인. 본래 이름은 퀸투스 호라티우스 플라쿠스이다. 그의 문학 특히 시학은 근대 초기의 고전주의에 큰 영향을 미쳤다.
*** 호라티우스의 시학은 시는 독자에게 세 항목의 심미적 효과, 즉 기쁨을 주다(delectare), 가르치다(prodesse), 감동을 주다(movere)를 부여할 수 있다고 파악했다.

육한 결과에 대하여 토론했다. '이성적인 혹평가' 요한 크리스토프 고트셰트Johann Christoph Gotthsched*가 만든 계몽 잡지 『유익함과 즐거움을 위하여』(1725 ~ 1726)는 "학문은 여성에게 어떤 도움될까?"라는 물음을 제시하며 이제까지 사교와 토론의 대화에서 제외된 시민 계급의 여성이 남성의 지식 영역에 새로이 접근할 수 있도록 했다. 물론 이성적인 혹평가들은 즉각적으로 여성이 지적인 교양으로 얻을 수 있는 교육의 목표는 집안일이라며 프로그램을 제한했다. 독서를 하는 부인은, "즉 (교양을 통해) 이성적인 어머니가 되는 일이다. 이성적인 어머니는 그녀의 다른 의무들인 부인, 주부, 이웃 여자, 여자 친구 그리고 친척을 성실하게 수행하는 법"을 잡지를 통해 배운다. 그렇기에 사회는 교육받은 여자가 아니라 '단지' 교양 있는 여성만 필요로 한다. 곧 "학문으로 인해 혼란을 느끼는 여성은 대부분 옹졸하고 교만하고 고집스럽다." 소위 '사교적인 사람'은 호라티우스Horatius**의 시학의 목표, 즉 '기쁨을 주다와 가르치다'***를 익히 알고 있는데, 여성은 일반적으로 유익한 일을 하면서 예술을 즐기는 것을 상상하고 있다. 이러한 잡지를 이용하며 즐기는 그녀는 다음과 같이 고백한다.

"내 자신이 바쁠 때면 그런 일들만 생각하는 것은 불가능해요. 그런 일들은 나에게 영혼 안에 많은 공간을 남겨 줍니다. 그래서 나는 사색을 하며 읽을 수가 있죠. 그러나 집안일을 하지 않고 혼자 책을 읽는다는 것은 불가능해요.”

'이성적' 여성 독자의 학구열은 특별한 여성적 이성과 교태 사이의 경계선을 혼동해서는 안 되고, 지나친 현명함으로 남성을 기분 나쁘게 해서는 안 된다. 매력과 지적 능력 사이의 균형을 유지하는 것보다 어려운 일이 있을까? 여성의 불안감은 독서와 함께 시작되며, 이는 그녀들을 위해 준비된 반쪽 지식을 예견할 수 있기 때문이 아니라 흔히 말하는 자연 상태, 여성에 대한 문화적 상태가 준비되어 있기 때문이다.

18세기적 교양은 여성의 관점에서 보면 사회적 커뮤니케이션이 추구하는 이상이다. 여성은 살롱을 지배하고, 남성은 지식을 여성이 이해할 수 있는 형태로 그녀들의 발밑에 바쳤다. 남성은 강단에서 라틴어로 된 서적으로 강의하는 학자들의 방에서 나와 여성이 운영하는 살롱에 초대받았고, 그곳에서 우화적 이야기를 해야 했다. 그렇게 귀족 부인들은 남성을 모방하여 18세기의 초상화가에게 기꺼이 학문적인 작품들과 함께 책상에 앉아 있는 모습을 그리게 하고, 긴 의자에 반쯤 누워 '지식인'의 강의에 귀를 기울이고는 했다. 시민 가정의 여성은 무관심을 과장하여 거만하게 누워서 읽는 데 익숙했다. 협소한 집 안의 공간 때문에 그녀들은 대부분 교육받은 남성과의 모임을 포기했다. 여성은 문학과 예술 그리고 학문 수용의 개인적 또는 사회적 형태로도 엄밀한 의미의 연구를 준비할 수 없었다. 막 출간된 여성 잡지들이 알려주는 학문의 세계는 여성의 소양을 고려한 것이었다. 그것은 수많은 참가자의 다양한 관심이 언급되는 모임에서 대화로 진행되면서 여성의 교양을 실현시켰다. 잡지와 소설의 교양 프로그램은 수많은 대상을 다루었고, 자기 전문 분야에만 능통한 남성을 다시 사회의 분위기에 따르도록 조정할 줄 아는 살롱의 부인을 목표로 했다. 영리하지만 교육을 받지 않은 여성이 참여할 수 있는 지식의 영역이 바로 교양이었다. 품위 있는 사회에서는 그 밖의 모든 지식을 학문으로 간주하고, 이것에 대해 대화를 나누는 것을 무례함으로 간주했다.

그렇기에 초기 여성 잡지는 남성적 지식의 모든 분야에서 다루는 지식을 여성 독자에게 추천했다. 그중에서도 자연과학의 지식을 다루는 것이 일반적이었다. 기계에 대해 이야기하는 잡지는 —『호화 패션에 대하여』 같은 초기 잡지에서처럼 — 집에서 가족들이, 친구들이 이용했다. 자연과학에서 학문과 기술의 진보가 이루어지면서 여자들은 더욱 복잡한 상황에 놓였고, 그것을 이해하기 위해서는 전문 교육이 요구됨에 따라 자연과학의 정보는 여성 잡지에서 사라졌다. 여성의 교육은 잡지를 통해 이루어지고 나아가 남성과 교류하도록 했는데, 이에 대해 전문가들은 별다른 관심을 보이지 않았다.

여성은 사회와의 커뮤니케이션을 위해 교육을 받아야 했기 때문에 교육적인 지식 대신 19세기의 유명한 잡지의 이름처럼 '우아한 세계'에 관한 많은 정보를 얻었다. 유럽의 도시들에서 발행된 신문은 가장 최신의 패션, 극장, 전시회 그리고 저서들에 대하여 보고했다. 오늘날의 패션 잡지는 이것들을 서비스 영역에서 다루고 있다.

시민 사회의 주도 이념인 교양은 학문적 저서 속에서 한층 고양된 개념의 정의를 체험한다. 그와 반대로 패션 잡지는 시민 사회 이후 인류를 행복하게 하는 자극제로서 교양이 여성을 배제할 수 없음을 고려해야 한다는 겸허한 이념에 오히려 가깝다. 교양이 무엇인지는 그녀들의 살롱에서 먼저 현실화되었다. 정치를 하고 전문 분야에 대해 대화를 나누는 남성으로 가득 찬 단골 음식점과 모임에서 예술과 문학을 다루는 도취적이고 감성적인 대화는 생각하기 어렵다. 그와 반대로 살롱은 교양 있는 여성의 유토피아였다. 그리고 오늘날의 사회에는 여성이 독서 모임을 위하여 자신들의 제한된 공간에서 만나는 살롱이 더 이상 존재하지 않기 때문에 패션 잡지는 살롱의 상상적 대체물이다. 패션 잡지는 저명인사와의 인터뷰를 통해, 보다 넓은 세상으로부터의 정보를 통해 이전에는 살롱에서 나누던 대화를 다루는 것이다.

여성스러워지기 위한 200년 동안의 교육은 교양을 강조하면서도 "이 잡지들은 주부에게 속한다"라는 1886년의 모토를 아직도 목표로 삼고 있다.

"독일의 여성이여, 친근한 집에서, 사랑스러운 집에서 평화의 선물을 나누어 주어라."

그후 잡지는 평등과 평등의 권리에 관해 토론했다. 그러나 모든 정치적인 테마는 마음에 말을 거는 방법을 선택했다.

『콘스탄체』와 『젊은 여성』이라는 잡지의 편집자이자 잠시 『브리기테』의 편집자를 지낸 한스 후프츠키Hans Huffzky는 제2차 세계대전 이후 여성 계몽 작업을 시작했다. 1948년 『콘스탄체』의 여성 독자는 모든 사상이 윤전기 속에 들어가 출판되면 독자에게 정치적 영향력을 행사할 수 있다는 사실을 알게 되었다. 그러나 사설에서 다루는 정치적 경향은 사실상 감성에 관계되는 것이다. 환경 문제·영양 문제·평화 운동은 도덕적 감성을 유발시켰고 바로 그 때문에 여성을 위해 가장 적합해 보이는 것이고, 최상의 경우에는 여성의 마음속에 고위직 정치인·사회학자 혹은 가정부 장관이 되도록 발전시키는 것이다.

1957년의 『여성의 목소리』에서처럼 평등에 대한 『빛과 그림자』로 가는 도중에는 훈계를 듣고, '결혼한 여자의 가장 위험한 시기가 문제'가 되면 미망인을 위한 연금이 있으므로 늙거나 남편이 세상을 떠나면 남성에게서 쉽게 해방될 수 있다는 위로의 말을 들을 수 있다.

　대도시를 관찰해 보면 계몽주의는 여성에게 먼 곳을 떠돌도록 자극하고 있다. 여자들은 즐거이 바깥 세상으로 나간다. 그리고 잡지는 길을 제시한다. 그러나 사실 그 충고는 그다지 믿을 만하지 않다. 잡지는 여성에게 환상적 풍경을 구경시킨 뒤 제자리로 혹은 내면 세계로, 호텔로, 신체로, 건강 관리 영역으로 되돌려 보낸다. 오늘날 여행에 대한 이야기는 주로 여성이 끌어내고 패션 잡지에 의해 방향이 정해진다. 버스와 기차로 가는 여행 루트와 쾌적함, 말하자면 교통수단의 알뜰함과 안락함, 호텔과 레스토랑의 수준에 관한 질문들은 집과 안락함에 대한 여성적 취향에 상응하는 것이다. 신과 식물의 유형학보다는 집과 신전들의 건축 방법이 언급된다. 사교적인 대화는 단지 여성 독자만을 위해 계획되는 패션 잡지에 나오는 프로그램을 반복한다. 즉 알뜰하면서도 집에서는 경험할 수 없는 소풍을 주선해 주어야 한다.

　20세기 이후 여성 패션 잡지가 발전했는가에 대한 판단은 그 잡지가 여성 독자의 직업을 꿰뚫고 있는지로 가늠해 볼 수 있다. 패션 잡지들은 두 대의 전화기를 다루는 능력 있는 여비서를 묘사한다. 그리고 여비서의 뒤에는 언제나 상징적으로든 실제적으로든 사장이 서 있다. "아침에는 사무실로, 저녁에는 술집으로"가 독일 초기 잡지의 유혹적인 슬로건이었고 '소녀들을 위한 컴퓨터 과정'이 출판율을 올리는 히트작이다. 대부분의 사설에서 직업 여성에 대한 냉소주의는 직장 여성의 좌절을 전제로 하고 있다. 잡지 『페트라』의 2005년 4월호는 젊은 여성 사업가들을 격려했다.

"당신은 그 일을 할 수 있습니다."

그리고 '신임 여사장을 위한 1차적 도움'이라는 제목으로 여러 권의 책을 추천했다. 패션 잡지는 계단에서 떨어질 때 느끼는 수치심을 덜어 주는 역할을 염두에 두고 도움을 줄 수 있는 적십자사 역할을 하려고 한다. 커리어우먼이 "직장을 구할 때 재미삼아 점을 보시오"라고 말하는 신문의 충고를 따른다 해도 그리 다르지는 않은 것이다. 커리어우먼은 아이들 장난처럼 성공을 추구한다. 나이가 들었지만 일종의 도박처럼 공개적으로 성공을 추구하는 것이다.

직업을 가진 여성도 갖지 못한 여성도 무엇보다 긴장을 완화할 필요가 있다. 이것에 대한 충고는 명확하다. 남성도 일을 하지만 여성은 더 많은 것을 요구받는다. 잡지 『페트라』는 긴장을 완화하는 데 도움을 줄 뿐 아니라 바보처럼 일하여 스트레스를 받은 사람을 웰니스Wellness* 호텔에 도착하게 한다. 패션 잡지는 직업적인 것을 잘 알지 못하는 듯 전문적인 정보를 추구하지 않고 대인 관계에서 적당히 활로를 찾으려고 하는 직업 여성을 미리 예

* 현대의 건강은 삶의 질이라는 개념이 포함되어 몸과 마음의 피로를 풀기 위해 월풀 스파, 헬스 워킹 코스 등 서비스를 제공하는 호텔, 리조트 등을 가리킨다.

측한다. 이러한 캐릭터를 지닌 커리어우먼은 여자 찰리 채플린이며, 채플린 영화에 나오는 째깍거리며 가는 경제를 암시하는 시계 속에 들어 있는 공이며, 여성이 즐거이 몸을 움직이는 것을 보는 모든 이는 여성과 남성의 대결에서 여성의 서투름 때문에 너무 재미있어 눈물까지 흘리는 것이다.

여성 독자의 생각을 잘 알기에 가장 큰 성과를 거둔 것으로 평가되는 『브리기테』가 1980년에 추진한 사례 연구는 여성은 정치적인 정보와 전문 지식을 전혀 원하지 않는다는 결론에 도달했다. 유타 뢰저Jutta Röser는 "여성 구매자 대부분은 여성 잡지 때문에 골치 아픈 생각을 하거나 어떤 문제 때문에 자극을 받고 싶어하지 않는다"라고 보고하면서 『브리기테』의 연구 보고의 결론을 인용했다.

"『브리기테』의 여성 독자는 이러한 문제들과 계속 대면하고 싶어하지 않으며 주로 즐거움을 찾는다는 것을 짐작할 수 있을 것이다."

이러한 판단에 따라 『브리기테』는, 여성이 수백 년 동안 반쪽 교양과 집안일을 위한 교육을 받았다는 사실은 놀라운 일이 아니라는 결론을 내렸다. 다시 말해 영양과 사랑이 여성과 관련된 테마다. 이것이 패션 잡지가 시대에 맞추어 가장 크고 자유롭게 다루려는 테마다. 모든 관점의 현대화에도 불구하고 영원히 여성적인 것*은 항상 남성 옆에 있는 자신의 존재를 준비하는 것이다.

이 경우 사람들은 행복에 대해서는 그리 생각하지 않는다. 체조를 하고 굶는 것은 신체를 젊게 유지하고 욕망을 느끼게 하는 마조히즘적 사랑학에 속한다. 패션 잡지는 사랑에 대해 공개적으로 많은 이야기를 해야 하는 의무를 느끼는 것 같지만, 그렇다고 음란물은 아니다. 남성 잡지 역시 몸매에 가치를 두고 있기는 하지만 남성이 남성 잡지에서 얻는 사랑학과는 다르게 패션 잡지는 사랑을 위한 보디빌딩 같은 것은 다루지 않는다. 남성 잡지에 등장하는 플레이걸은 곡예사 같은 유연함과 이국적 발상이 풍부한 사랑의 대상이다. 패션 잡지의 모델도 이러한 요소를 지닌다. 최근의 패션 잡지는 여성의 감추어진 레즈비언적 경향을 이용한다. 유혹의 분위기는 모델 주위를 에워싸고 있다. 관찰자는 에로틱한 아우라Aura**를 받아들이고, 여성 독자는 화법에 관심을 갖는다. 그림들을 감싸고 있는 문자는 신체 대신 영혼의 운동을 특화시킨다. 이것은 모든 스포츠와 마찬가지로 고통스럽다. 한 명의 여성이 한 명의 남성과 함께 간다면(여성과는 함께 가지 않는다), 이것은 감정을 겨냥하고 자의식을 갉아먹는 것이다. 텍스트는 자극적인 장면으로 시작하여 고통을 치유할 수 있는 치료법으로 끝난다. 그림과 텍스트는 사랑의 환희와 고통과 같은 관계다.

02_ 최신 유행: 늙는다는 것

남성과 여성에게는 늙어 가는 것에 대한 동등한 권리가 적용되지 않는다. 늙어 가는 여성은 '슬픔에 잠긴 성모'라고 할 수 있다. 화장품 업계는 나이 든 여성에게 존경을 표하면서 그녀들을 한창때와 연결시켜 주려고 노력한다.

| 중년 여성을 위한 잡지 시장 |

『마담』은 인생에서 최고의 시기를 맞이하고 또한 가장 활발한 대인 관계를 갖고 있는 여성을 위한 패션 잡지 중 가장 유명하다. 이러한 잡지 외에도 훌륭한 교육을 받은 여성을 위한 『여자 친구』, 『페트라』, 『보그』, 『당신을 위하여』 등이 있다. 그사이 부인들과 그녀들의 여자 친구들도 나이를 먹어 사회적으로 명망 있는 마나님은 늙은 여성이 되었다. 그리고 자신의 집에서 일하는 여자, 할머니로 살아가는 '여성'이 되었다. 스스로 민주적이어서 지위와 교양에 구애받지 않는 모든 여성을 대상으로 하는 '여성 잡지'라는 패션 잡지의 새로운 수용자는 중년 여성이다. 그리고 그러한 잡지를 읽는 여성이 늙어 버린 것이다.

『브리기테』라는 잡지가 처음으로 나이 든 여성을 대상으로 『브리기테 우먼』의 출간을 감행했다. 또 다른 잡지 『최상의 시기』는 여성에게 쉰 살이 넘은 나이가 인생에서 최고의 시기임을 보장한다. 여성들이 그리던 젊음에 대한 꿈은 『영 미스』, 『소녀』, 『걸』, 『환희』라는 잡지들의 제목이 말해 준다. 사실 2001년 이후 출간된 잡지는 제목으로 '최상의 나이를 위한 봄'을 약속하면서 젊은 여자들을 많이 다루었다. 새로운 잡지 시장의 무대에서 출간된 『트웬』은 주로 젊은이를 다루고 있는데, 여기에서 부인은 곧잘 나이 든 여자가 되어 버린다. 여성은 자신이 선택한 잡지 타입에 따라 젊은 여자가 되기도 하고 늙은 여자가 되기도 한다. 패션은 두 가지 불안한 여성적 존재를 예상한다. 즉 성숙하지 못한 손녀이거나 너무 성숙해 버린 할머니의 경우다. 오늘날 직업을 가진 딸을 통해 가까워진 두 사람은 이러한 책들로 구분될 가능성이 있다.

사회 통계적 변화는 미학적 의식의 변화를 동반한다. 현대에는 사람들의 수명이 길어지면서 나이 든 여성이 자신을 정의하고 정의와 자아를 표현할 권리를 요구하는 시기가 형성되었다. 그런데 이 시기를 위해 어떤 태도나 패션이 모범이 되어야 하는지는 결정된 것이 없다. 이제까지는 여성이 오래된 옷을 다 낡도록 입는 시기였다. 새로운 잡지는 장롱을 비우고 새롭게 채우도록 유도한다.

나이의 경계가 사라져 모든 경계선이 개방되어도 전통은 여전히 중요한 것으로 새로운 삶의 밑그림을 이룬다. 전통적 사회에서는 항상 여자들의 삶이 바로 가족의 자서전이었다. 여자는 현재 어머니이고 과거에도 어머니였다. 여성의 삶에 대한 저서를 쓰라면 그 제목은 성처녀, 부인, 늙은 여자 같은 것들이다. 패션 잡지는 이러한 단계를 매혹적인 여성, 대표적인 여성, 존재하지 않는 여성으로 번역하고 있다. 즉 아양 떠는 여자, 부인 혹은 아무것도 아닌 여자이다. 전쟁 후 패션 잡지는 이러한 가족의 연결에 관여했는데, 그 가운데 『브리기테』가 가장 앞섰다. 패션은 젊은 여성에게 이러한 잡지를 추천한다. 글의 내용은 여성으로 하여금 요리사가 되게 하는 것도, 중년의 위기를 겪기 전의 주부들을 위한 것도 있다. 이러한 단계 다음에 나타나는 아무것도 아닌 존재의 상태에서 여성은 무언가를 만들기 위해 이제 여성 잡지들을 붙잡고 조각난 가족이라는 그림 위에서 비틀거리며 걸어가고 있다.

고의는 아니겠지만 약간 냉소적 경향의 새로운 잡지는 여성의 자의식이 해체되는 병을 치료하고자 노력하고 있다. 모든 패션 잡지는 젊든 늙었든 총체적인 삶의 기회 상실로서 질병이 다가오는 것을 해부하고, 마치 치료가 필요한 것처럼 떠벌린다. 잡지는, 그 제안을 따르고 진단서를 이용하는 여성은 젊고, 사랑스러우며 무언가를 즐거이 계획할 수 있을 것이라고 약속한다. 즉 쉰 살 난 여성은 다시 서른 살이 될 수 있을 것이라는 약간의 거짓이 담긴 희망으로 책을 읽는 것이다.

잡지는 표지에 도망갈 틈을 준비하고 앞으로 나아간다. 지금까지 여성에게 나이를 묻는 것은 모독이었다. 그런데 이제는 가판대에서 여러 사람이 보는 앞에서 '마흔 살 이상의 여성을 위한 잡지'를 산다. 그리고 라이프 스타일을 추구하는 잡지에서는 최고의 나이로 대접받는다. 화장품 업계는 나이 든 여성에게 존경을 표하면서 그녀들을 한창때와 연결시켜 주려고 노력한다. 의약용 화장품을 생산하는 오이보스Eubos*라는 브랜드는 '손에서 진짜 나이를 보여 주지 않기 위한' 크림을 추천한다. 이제까지 그 누가 여성의 '진실된 나이'에 대해 조그마한 암시라도 감히 이야기하려 했겠는가! 화장품 회사 ROC는 스물세 살처럼 보이는 얼굴이 "나는 마흔세 살이에요"라고 고백하는 광고를 만들었다.

화장품 회사 ROC는 마흔세 살 남성을 위해서는 광고를 만들지 않는다. 그 회사는 남성을 조롱하지도 않고 있는 그대로 나이 들어 보이게 한다. 그리고 어떤 잡지도 '마흔 살 이상의 남자'에게는 관심을 보이지 않으며, '최고의 나이' 혹은 '두 번째 회춘'이라고 말하지 않는다. 오토바이 · 자동차 · 스포츠 · 섹스 · 컴퓨터 · 암석학 · 천문학은 남성의 고통이나 적어도 늙어 가는 것에

* 독일의 민감성 스킨케어 전문 브랜드.

대해 이야기하지 않고, 그들의 즐거움에 대해서만 이야기한다. 정말로 남성에 관해 이야기하지 않고 그들의 정신이 관심을 갖는 것들에 관해 이야기한다. 나이가 별로 중요하지 않은 남성과 늙어 가는 여성을 구분한다면 남성은 '호모 파버(工作人)', 여성은 '슬픔에 잠긴 성모'라고 할 수 있다. 그리고 여성 잡지가 이러한 것을 강조한다. 남성은 나이를 먹고 여성은 젊음을 유지한다. 이렇듯 늙어 가는 것에 동등한 권리가 적용되지 않는 한 나이에 대한 치료는 악습이 반복되고 악화될 것이다.

　새로운 잡지 시장에는 나이 든 여성, 즉 마흔 살 여성이 등장하는데, 이 경우는 대부분 의학적인 케이스의 대상이 된다. 새로 창간된 잡지들은 지적인 면이나 성격을 위한 교육은 전혀 생각하지 않는다. 쉰여덟 살 먹은 한 여자 상인에게 사람들은 "당신은 왜 일을 하십니까?"라고 묻는다. 그리고 이해심이 넘치는 '아직도'라는 말로 노년이라는 나이를 의식하게 한다. 그리고 눈을 그윽이 바라보며 '정말로'라고 말하는 것은 직업에 대한 소명 의식을 한 번도 주장하지 않았음을 의식하는 말이다. 즉 쉰여덟 살 난 사람에게도, 서른다섯 살 정도의 박사 과정에 있는 사람에게도 노동력의 한계를 보여 주는 나이의 경계선이 일찍부터 나타나는데—일간 신문에도 그런 기사들이 실리고 있다—마흔 살이 되어 아이를 낳을 수 있다. 가장 낮은 경계선은 20대 여성이 나이

든 여성의 몸매를 가지는 경우다.

　그러나 젊고 늙었다는 사실을 생물학적 등급으로 구분하는 것은 시대적으로나 사회적으로 적합하지 않다. 오늘날 직업에 종사하는 18~65세 사이의 여성에게는 지금까지 몰랐던 평등이라는 단어가 있다. 여성이 가족 속에서 분명히 해왔거나 앞으로 그러할, 생물학적으로 조건 지어진 나이 차, 태도, 음식, 가출한 아들 때문에 야위어 가는 것, 손자를 교육하는 것은 직업 여성에게는 별 문제가 되지 않는다. 은퇴한 여성은 몇십 년 동안 해왔던 자신의 일을 통해 남성과 마찬가지로 나이를 잊어버렸다는 사실을 자의식 속에 각인시킨다.

| 손녀와 할머니 |

　잡지 시장은 이제까지 여성의 연령 단계를 부자연스러울 만큼 명확하게 나누던 방식을 버렸다. 그러면서 잡지는 모든 젊은이에 맞서 나이 든 이들을 위한 페이지를 만들어 놓았다. 나이 든 여성 잡지에 비해 젊은 여자를 위한 잡지는 남성이 그러하듯이 여성이 나이에 무관심해지고 있음을 고려한 것이다. 잡지들은 사랑 또는 물건을 사는 방법 때문에 고민하는 10대에게 용돈을 사용하는 방법을 알려 주려고 한다. 잡지는 그들이 부모와 학교를 벗어날 수 있도록 스스로 선택한 첫 번째 선생인 것이다. 잡지는 소녀들을 패션의 영역에만 한정시키는 것이 아니라 태도 전반에 관한 것을 말해 준다. 패션은 성숙도와 사랑을 표시하는 유일한 수단이 아니다. 소녀는 눈, 엉덩이, 옷감으로 손짓하는 것이 아니라 휴대전화로 신호를 보낸다. 그들은 서 있는 곳에서 손가락으로 재빠르게 모든 이에게 욕망을 날려 보내는 것이다. 무엇이 말없는 깃발을 필요하게 하며, 그들은 어디로 문자를 보내는가! 어린아이 손처럼 작은 휴대전화는 여성의 언어가 말없는 의상의 언어를 단어화시키는 것을 보여 주는 증거다. 휴대전화 때문에 패션은 쓸모 없는 존재가 되었다고 할 수 있다.

반면에 여성 잡지는 패션이 젊은 여성에게 말을 걸면서 얻을 수 있는 무언의 언어를 주장한다. 그렇기에 과거의 스타일을 입은 나이 든 부인들을 위한 잡지에서도 현재의 스타일을 한 얼굴이 앞장선다. 즉 여성 잡지의 모델들은 실제 이용자들보다 몇십 년 젊은 사람들이다. 텍스트는 젊은 여성, 나이 든 여성이라는 생물학적 구분을 만들어 낸다. 그래서 여성 잡지에서는 스물다섯살쯤 되어 보이는 여성이 갑자기 갱년기의 어려움을 겪으며 손자의 학교 수업을 걱정해야 하는 것이다.

『여성』이라는 패션 잡지에서 의학은 자신을 미용 의학 혹은 의학적 화장으로 선전하면서 화장품 영역보다 더 크게 자리 잡고

있다. 이러한 화장품들은 젊은 여성을 위한 화장품보다 훨씬 비
싸다. 그리고 마흔 살 이상의 여자들은 두글라스Douglas* 화장품
전문점으로 가는 대신 자주 약국으로 간다. 나이 든 이들을 위해
전문가, 약사, 의사의 연대 책임이 필요해졌다. 의학적 피부 관리
는 보호를 기초로 하며, 잡지들은 피부병 환자들을 위한 구원의
장소다. 젊은 여성은 배와 허벅지 · 엉덩이의 피부를 신경 쓰지
만, 더 이상 이 '문제의 영역들'에 노력할 필요가 없어진 나이 든
여성은 항상 노출되는 얼굴 · 손 · 머리 등만 염려한다. 젊은 여
성은 피부와 풍성한 머리카락, 지성 피부, 땀구멍, 여드름 따위
를 걱정한다. 젊은 여성들이 박피술로 촉촉하고 부드럽게 유지
해야 하는 부분이 '부인'들에게는 처방이 필요한 부분이다. 젊은
여자들이 흔히 고생하는 여드름이 난 불그스름한 곳에 나이 든
여자에게는 색소반이 나타나고, 젊은 여성의 큰 모공 대신 주름
이, 머리카락은 뻗치는 대신 부스러지는 것이다. 나이 든 여성은
기름진 피부를 갖고 있지 않다. 그녀들은 얼굴의 기름기를 제거
해 주는 파우더 대신 주름을 없애는 크림을 사용해야 한다. 라 로
셰 포제La Roche-Posay**는 입술의 주름이 두드러 보이지 않도록
립스틱을 권한다. 전성기는 환상이고 퇴락은 인식임을 말하는 것
인가?

　　노년에서 벗어나고자 하는 노력에 화장품은 없어서는 안 되는

필수품이다. 시간의 공격에 없어서는 안 되는 전사는 일반적으로 기초적인 성분들이다. 여성 잡지는 과도함을 억제하고 힘을 유지할 수 있도록 현명한 암시를 한다. 최근에는 카카오가 좋다고 알려져 있다. 카카오가 모든 세포의 주름 방지에 가장 좋은 재료로 알려져 있기 때문이다. 『브리기테 우먼』은 의학적으로 명확하게 설명하고 있다.

"카카오 속의 몇 가지 성분(폴리페놀)이 보호 역할을 하는데, 심지어 피부를 위한 엔돌핀이 나오도록 도움을 준다고 한다."

그러므로 초콜릿, 꿀, 밀크커피 향이 첨가된 비누, 샴푸, 바디 샴푸를 추천한다.

젊은 여성과는 대조적으로 자신의 몸매를 잊어도 되는 부인들에게 추천될 만한 패션은 프리 사이즈다. 즉 '어떤 경우'를 위한 유일한 스타일이 '나이 든' 사람을 위한 새로운 테마로 등장한다. 치아와 안경 그리고 볼이 좁은 구두의 압박과 고문으로 딱딱해진 발바닥(남성에게는 전혀 나타나지 않는다)은 나이 든 여성의 전형적인 문제들이다. 여성이 버텨야 하는 부분이던 발바닥은 이제 고통스러운 곳이 되어 있다. 그녀들은 나이가 들면서 주위 세계와 위험한 접촉 관계를 형성해야 하기 때문에 입과 눈, 웃음과 시선은 편안해야 한다. 『브리기테 우먼』은 2005년판에 쉰 살이 된 여성의 이상을 이렇게 표현하고 있다.

"쉰한 살의 마그리트 테베스에게 생의 즐거움이란 사람들과의 관계, 자녀들의 건강 그리고 든든한 직장을 의미한다. 새로운 안경은 그녀의 파란 눈을 강조하는 것이고 그녀는 항상 새로운 피부 톤을 실험해 본다."

안경은 물론 남성과 깊은 시선을 주고받는 데 방해가 된다. 노년의 부부는 여성의 행복이 다가오는 이상적인 섬과 같기도 하고, 여성 잡지의 표현에 따르면 고통의 정점이다. 친근함—영혼의 시선, 웃음, 때로는 나이 든 사람들이 서로에게 보여 주는 신랄하게 느껴지는 작은 입—을 순간 사진으로 고정시킨다 해도 이 모습은 때로는 남에게 심술궂고 꼬치꼬치 캐묻는 사람으로 보일 수도 있다. 여성 잡지들은 패션 잡지에 에로틱한 테마를 집어넣어야 한다는 강박관념을 가지고 있기 때문에 나이 든 여성도 어쨌거나 남성이 필요하다. 젊은 여성이 남성에게 구애하는 동안 나이 든 여성 역시 그들의 삶을 성립시키기 위해 남성에 대해 이야기한다. 나이 든 여성은 신성하기에 영원히 젊은 이집트의 투트모세Thutmosis 왕과 하트셉수트Hatschepsut 여왕*처럼 잡지 속에서 성화상으로 등장하는 것이다. 일반적으로 오일이 피부에 도움을 주지만, 오늘날에는 그보다 미용 의학이 불안을 떨치게 한다. 여성 잡지들은 여성이 이러한 지혜를 잃어버리지 않도록 여성을 소중히 다룬다.

* 하트셉수트는 자신의 남편 투트모세 2세가 죽자, 양아들 투트모세 3세를 섭정하여 공동 통치를 했다. 그러므로 하트셉수트는 고대 이집트 최초의 여왕이라고 할 수 있다.

03_ 학습 목적: 부인이 되는 것

나이를 먹어 간다는 것은 패션에 대한 의식이 과거 속으로 더욱 깊이 빠져 든다는 것이다. 부인들은 무대를 살롱으로 옮기고 배우로 등장했다. 나이 든 여성을 위한 코스가 만들어진 후 교수 바로 앞 줄에는 좌석이 부족할 정도로 많은 아름다운 여성이 앉는다.

| 정신 그리고 의상 |

"만약 여성이 윙크한다면 … 이것은 무엇을 의미합니까?"

남성은 그 의미를 잘 알고 있다. 물론 1930년대에는 『젊은 여성』이라는 잡지가 말하는 의미를 몰랐을 수도 있다. 한스 후프츠키는 여성에게 호의적인 패션 잡지의 편집자로 그 의미를 설명할수 있는 사람이다. 유행을 잘 아는 여성이 독자이기 때문에 그들이 지니고 있는 모든 실질적인 장비와 사랑의 제스처에 지식을 겸비하면 풍부해질 것이다. 정신과 의상의 결합은 교양과 무엇이다를까?

심리 분석으로 교육을 받은 20세기에 잡지는 가장 사랑받는 성전이다. 그리고 여성이 아직 높은 수준의 교육을 받지 못한 시기에 잡지의 과제는 가정주부를 남편의 품위 있는 동반자로 교육하는 것이었다.

18～19세기에 이러한 분야의 잡지들이 탄생되었는데, 이러한 잡지들은 이제 사랑의 교육 분야로 이전하고 있다. 『마담』 2005년 11월호는 여성 독자의 높은 언어 능력을 전제로 하고 있다. 주요 사설은 '감성적이고 단단하고 유동적인 지적 능력'으로 조화롭게 형성된 인간을 생각하고 있다. 그리고 「왜 남자들은 귀 기울이지 않는가?」라는 사설은 오디세우스와 그의 선원들 그리고 사이렌의 내용으로 시작하고 있다. 왜냐하면 태초에 신화가 있었기 때문이다.

여성 독자들은 다음 페이지에서는 아르데코 스타일에 대해 알게 된다. 사설은 트리스탄 차라Tristan Tzara,* 로베르 데스노Robert Desnos,** 폴 엘뤼아르Paul Eluard***를 암시한다. 페이즐리 무늬에 대해서도 이야기하는데, 이 사설로 이 무늬가 스코틀랜드의 도시 페이즐리에서 유래하여 19세기에는 방직 산업의 중심이 되었음을 알게 되었다. 또한 그들은 이 옷감에서 소나무 열매와 유사한 동양의 미라보타 모티프Mirabota-Motiv를, 프랜시스 베이컨Francis Bacon, 클라우스 폰 클리칭Klaus von Klitzing****과 그가 발견한 홀 효과를 알게 되었다. 왜냐하면 이러한 과학의 지식이 오늘날의 현대 지식이기 때문이다.

* 1896～1963, 루마니아 출신 시인으로 취리히와 파리에서 활동했다. 다다이즘을 제창한 사람 중 한 명으로 1917년 잡지 『다다』를 발간했다. 시 「신문지를 가위질한」을 발표했으며 시문학의 새로운 흐름을 주도했다.
** 1900～1945, 프랑스의 시인. 다다이즘 이후에 나타난 초현실주의 운동에 참여했다. 초현실주의 잡지 『문학』에 시를 실었다.
*** 1895～1952, 프랑스의 시인. 파리 다다 그룹에 있다가 후에 초현실주의 모임에 참가하여 활동했다. 피카소와 절친한 친구 사이로 서로 영향을 주고받았다.
**** 1943～, 물리학자로 폴란드에서 태어나 독일에서 생활했다. 홀 효과로 불리는 전기의 양자역학적 성질을 발견한 업적으로 1985년 노벨 물리학상을 수상했다.

한 번의 엔터테인먼트가 아니라 '언제나 카타르시스'였던 영화도 당연히 여기에 속한다. 재즈 마니아, 아크릴 버팀살 그리고 알루미늄 테크닉에 대해 언급되고 있다. 그리고 바이마르의 뮤젠호프병원은 '모나리자'이고, '불멸의 버섯'인 중국산 영지버섯이 있다. 그리고 마침내 부스터 효과Booster-Effect*가 무엇인지를 알아야만 한다. 어떤 남성이 동참할 수 있겠는가!

남성은 전문가다. 그러므로 그들은 전문 잡지를 읽는다. 여성이 실내복을 벗어던지고 축제 의상을 입고는 세련됨에 대비해야 할 때, 남성은 모든 대상과 기회를 위한 정보를 얻을 수 있는 전문 잡지를 읽는다.

물질적인 동시에 지적인 소비는 잡지의 테마이고, 여성은 산발적으로 남성은 한꺼번에 소비한다. 대부분 여성의 지출은 그리 많지 않지만, 남성의 지출은 꽤 큰 편이다. 메르세데스벤츠에 대응할 수 있는 소비는 무엇이고, 역사적 · 비평적인 실러 전집에 대응하는 마르틴 모세바흐Martin Mosebach의 소설은 무엇을 의미하며, 와인 주점에 대응하는 파리 생제르맹 거리의 커피 크림을 얹은 뜨거운 에스프레소는 무엇인가?

패션 잡지가 선호하는 수업 과목인 사랑, 의학, 예술과 문학은 초창기에는 대도시의 신문 소식난에서 배제되었다. 19세기에 교양을 즐기는 사람들이 지식의 영역을 확대하자, 정보는 진지해지

* 전자공학 용어로서, 전원 전압의 일부를 전원의 상황에 따라 상승시키는 효과.

고 다양해졌으며 포괄적이 되었다. 젊은 여성의 잡지는 꽃의 역사에 대하여 설명하고 「익살극 문학」이라는 칼럼에서는 시를 두 언어로 번역하고, 「극장의 익살극」이라는 칼럼에서는 중요한 극장 상연물을 비평하고, 「교육」이라는 칼럼에서는 하프와 그 발전 역사에 대하여 가르쳐 준다. 그리고 목깃을 위한 재단법, 꽃 장식과 뜨개질본 옆에 악보가 있다.

당시에는 사진이 없었기 때문에 단어에 대한 관심이 컸다. 소녀들이 고등학교에 가자마자 패션 잡지는 혼란에 빠졌다. 학교가 그들의 주제를 빼앗아 갔기 때문에 그들은 섹스와 나이 듦에 대한 이야기를 다룰 수밖에 없었다.

시인들은 처음부터 여성의 패션과 교양에 대한 이해심을 보여 주었다. 오노레 드 발자크Honore de Balzac는 패션에 대한 사랑을 언급한 사람으로 평가된다. 그는 자신의 작품 속에서 여성뿐 아니라 남성까지 포함하여 400명에 이르는 많은 사람을 세심하게 설명하면서 그들이 입은 의상까지 아주 정밀하게 묘사했다. 발자크는 『패션』이라는 잡지에 16편의 논문을 썼다. 그 가운데 「우아한 삶에 대한 논문」, 「의상」(1832), 「걸음에 대한 이론」(1833)은 특히 유명하다. 한편 발자크는 1819~1822년 『여성과 패션 잡지』의 발행인을 지냈다. 1831년 그는 「남성 패션이 여성에게 미치는 영향」이라는 논문에서 여성들이 "너무나 무의미한 것을 수집하는

데 시간을 낭비하고 있다"라고 경고했다. 1836년 주간 만화 신문 『캐리커처』에 그가 쓴 왕관을 여성이 받쳐 주는 그림이 실리기도 했다.

극장, 문학 모임, 박물관, 콘서트, 강의 등은 시민에게 정신과 의상의 연관성을 이끌어 냈다. 거리의 극장에 있는 무대와 대기실은 패션의 무대가 되었다. 그리고 여배우들은 부인들에게 항상 아름답고 우아한 모델이었다. 여배우는 오늘날의 유명한 가수들과 마찬가지로 패션의 모범이다. 그러나 여성적 아름다움을 통한 유혹은 커다란 무대에서는 드문 현상이 되었다. 아름다움과 패션의 우아함은 영화와 텔레비전에서 사라졌지만, 이러한 상황에서도 다시 여성에게 영향력을 행사한다.

| 여성 예술사가 |

부인들은 예전부터 교양을 넓히기보다는 교양을 보여 주기 위하여 강연과 강의를 듣는다. 프랑스의 풍자 만화가 오노레 도미에Honoré Daumier*는 이러한 의미에서 학문을 듣는 여성을 조롱하는 말들을 쏟아 내고 있다. 그의 캐리커처 중 하나는 머리를 묶은 세 명의 늙은 여자다. 세 명 모두 대단히 날씬하다. 그림에서 한 여자가 다른 여자의 허리를 지나치게 졸라매고 있는데 또 다른

* 1808~1879, 프랑스의 풍자화가로 석판화를 비롯해 캐리커처, 유화, 조각 작품이 있다. 서민의 애환을 담은 작품과 귀족·부르주아 계급을 비판하는 풍자화가 많다.

여자가 놀라서 묻는다.

"아, 어일라이아, 오늘 왜 그렇게 멋을 내지?"

그러자 답한다.

"나는 오늘 푸르동Pierre-Joseph Proudhon*의 강연을 들으러 가. 그런데 그는 우아한 모습을 중요시하거든."

* 1809~1865, 프랑스의 사회주의자 · 무정부주의 이론가. 사회주의 논쟁에서 무정부주의 편에서 논조를 펼쳐 초기 사회주의 성립을 도왔다. 그리고 여성에게 아내와 주부 역할을 다 할 것을 주장하고, 여성의 생산 활동과 사회 활동 참여를 반대했다.

교양을 즐기는 여자들은 자기들이 들으러 가는 강의에서 가장 아름다운 여성이 맨 앞줄에 앉는다고 주장한다. 이러한 가설이 그녀들에게 패션 잡지의 강의를 줄기차게 보도록 유도하는 것이다. 또한 이러한 가설이 그녀들로 하여금 자신들의 의견에 확신을 갖게 한다. 정신은 아름다움과 '우아한 형태'를 잡아끄는 자석이다. 이러한 자석과 같은 힘 때문에 아름다움을 가꾸는 노력이 가치 있는 것이다. 그녀들은 잘못된 첫 번째 선택이 강단에서 이루어진다고 생각한다. 나이 든 이들을 위한 코스가 만들어진 이후 교수 바로 앞 첫 줄에는 좌석이 부족할 정도로 많은 아름다운 여성이 앉는다는 것이다. 나이 든 여성은 특히 문예학과 예술사를 중점적으로 듣는데, 그녀들은 패션 잡지로 이러한 분야에 대해 준비할 수 있기 때문이다. 패션 잡지는 대학을 위한 예비 학교이다.

19세기 시민 여성의 패션은 과거를 회상하는 예술적 스타일로 행해졌는데, 그것이야말로 예술사의 진실한 레퍼토리다. 사람들은 그리스식 · 오리엔탈식 · 중국식 의상을 착용했다. 그리고 역사적인 그림에서 이러한 스타일에 관한 지식을 얻는다. 오늘날 젊은이의 패션에도 가장무도회가 주는 즐거움의 흔적이 남아 있다. 회상은 '뒤로'라는 전치사로 표현할 수 있다. 기억이 되돌아가는 시간은 대단히 짧다. 소녀는 어머니가 입었던 1970년대 옷을 입는다.

나이를 먹어 간다는 것은 패션에 대한 의식이 과거 속으로 더욱 깊이 빠져 든다는 것이다. 여성은 이제 러시아 민속춤을 생로랑Yves Saint-Laurent[*]에게 배운다. 그들은 버버리가 만들어진 빅토리아 시대 스타일인 상류 사회 패션을 입고, 라크루아Christian Lacroix의 꽃으로 장식된 서민적 스타일인 비더마이어Biedermeier 스타일을 입고, 베르사체Gianni Versace의 르네상스 스타일을 입는다.

패션 잡지들은 골동품, 이국적 민속품과 현대적 예술품들로 장식된 호화로운 패션 디자이너의 빌라를 보여 준다. 그럼으로써 아름다움을 만들 수 있는 소유자의 능력을 생각해 보게 하는 것이다. 그러나 패션 디자이너를 존경하는 이들에게 숄, 쿠션, 찻잔, 재떨이 등의 패션을 판매하는 베르사체는 추종자들에게 르네상스를 꿈꾸고 베네토Veneto[**]에 있는 빌라로 예술사를 즐기는 소풍을 가도록 하는 것이다.

[*] 1936~, 알제리 출신의 프랑스의 패션 디자이너. 1976/1977년 F/W컬렉션에서 러시아 민속춤 의상과 발레 의상 등을 모티프로 한 화려한 패션쇼를 선보였다. 그는 여성 정장에 바지를 도입한 것(1960년대의 테일러 룩)으로 센세이션을 일으켰고 마티스, 몬드리안, 피카소에게 영감을 받은 드레스를 제작했다.

[**] 이탈리아 북동부의 주. 베네토주는 이탈리아 패션의 중심지로 의류 · 피혁 산업이 발달되어 있다. 베네통과 피에르 가르댕이 이곳 출신이다.

* 1885~1979, 파리에서
활약한 추상파 화가. 입체
적 구성에 강렬한 색채감
을 준 기법을 구사했다. 태
피스트리, 판화, 텍스타일,
그림 등 다양한 작품이 있
고 발레 의상을 담당하기
도 했다.
** 1885~1941, 프랑스의
화가·추상미술의 선구자.
칸딘스키, 몬드리안과 함
께 활동했으며 대담한 구
성과 화려한 색채가 특징
인 오르피즘을 소니아 들
로네와 함께 창시했다.
*** 1890~1973, 이탈리
아 출신 패션 디자이너. 초
현실주의에서 모티프를 얻
은 의상 작품이 많다. 지퍼
를 의상에 도입한 것으로
유명하며, 달리에게 영향
을 받아 오브제의 전위적
의상 디자인이 많다.
**** 20세기 초반을 대표
하는 프랑스 디자이너. 여
성을 코르셋으로부터 해방
시켰으며, 화가·사진 작
가 등 예술가와 교류를 가
진 현대 복식의 혁명이였
다. 특히 동양에 지대한 관
심을 가져 터키풍 판탈롱,
기모노풍의 튜닉 드레스,
터번 등을 제작했다.

여성은 예술사를 몸에 걸친다. 20세기 이후부터는 심지어 예술 자체를 걸치기도 한다.

소니아 들로네Sonia Delaunay*는 남편 로베르Robert Delaunay**의 이론을 옷감으로 변화시켰다. 생로랑은 비단에 몬드리안과 피카소의 모티프를 인쇄했다. 프랑스의 복식 디자이너 엘자 스키아파렐리Elsa Schiaparelli***는 달리의 초현실주의를 작업했고, 폴 푸아레Paul Poiret****는 야수파 화가인 마티스나 뒤피 등의 야수적 경향에 자극을 받아 부드러운 비단으로 된 여성용 머플러를 디자인했다.

이제 사진은 성숙한 여성을 위한 예술사 교육이라는 과제를 넘겨받았다. 『마담』이라는 잡지는 '황금 테두리 속의 에로틱'을 소개하고 삶과 예술을 절묘하게 결합시킨 구스타프 클림트의 '강렬한 타입'을 말하고 있다. 잡지는 그의 그림 「키스」를 모방하여 황금색과 검은색으로 패션을 표현했다.

예술적 재생산을 통하여 패션을 귀족화시키는 기술은 훨씬 먼 옛날로 거슬러 올라간다. 이미 1950년 잡지 『콘스탄체』는 레오나르도 다 빈치의 유화 「체칠리아 갈레라니─흰 담비를 안고 있는 여인」(1483~1490)을 '시들지 않는 아름다움'으로 제시했으며, 독일 고전주의 화가 고트리프 쉬크Gottlieb Schick의 작품 「헨리에테 다네커」를 '서른 살 여성'으로 간주하면서 '예술 속 여성의 나이'에 대한 테마를 위해 그리고 프랑스 할스Frans Hals*와 빌헬름 라이블Wilhelm Leibl**의 그림도 패션 잡지에 집어넣었던 것이다.

출판 또한 민속 의상과 지위를 나타내는 의상에서 패션으로 전이되는 전제 조건이 되었다. 의상의 역사에 대한 저서들이 16세기 중엽 이후 출판되기 시작했다. 고대 그리스 의상에 대한 요젭 슈트루트Joseph Strutt의 연구(1775~1776)에서 볼 수 있는 의상의 일부분에서, 알베르트 라시네트Albert Racinet의 『의상의 세계사』(1876~1888) 그리고 프리드리히 호텐로트Friedrich Hottenroth의 『독일 민속 의상에 대한 안내서』에서 패션의 환상이 공급되었다. 호텐로트의 저서는 디자이너로 하여금 역사적 의상을 흉내 내도록 '누렇게 바랜 그림'으로 된 견본을 담고 있다. 바이마르 출판업자 프리드리히 유스틴 베르투흐Friedrich Justin Bertuch는 독일의 첫 패션 잡지인 『호화 패션 잡지』의 이름을 1814년 『문학, 예술, 호화 패션』으로 바꾸었는데 이 작업들은 그러한 징후들을 말해 주는 것이다.

예술가들은 재단사에게 여성 취향에 대한 교육을 아무 거부감 없이 넘겨주었다. 빅토르 위고의 친구들은 스펙터클한 극시 「에르나니」(1830)가 공연된 후 '그랜드 세나클'에 모일 때 납작한 모자와 비단 망토를 걸친 무대 의상을 입고 있었는데, 이 의상들이 여성 패션에 영향을 미쳤다. 패션 사진이 시대와 국가의 시선을

* 1580~1666, 네덜란드의 화가. 초상화의 대가로 알려져 있는데 특히 집단 초상화가 유명하다.
** 1844~1900, 독일의 사실주의 화가로 뛰어난 초상화 작품이 알려져 있다. 「교회의 세 여인」(1881) 등 일상의 사람들을 다룬 작품이 많다.

매혹하기 전에 화가들은 매우 제한된 방법을 이용하여 여성의 몸을 수단으로 삼아 지나간 시대를 그리고 의상을 제안하면서 정신의 형성에 기여하기 위해 노력했다. 그러기에 1836년 라이프치히의 『패션 신문』이 출간될 수 있었다.

"오페라 영역 밖에서 우리 모임의 장소는 그림 전시장이다. 그리고 우아한 부인을 통해 첫 번째 거리 의상이 전시되었다. 왜냐하면 사람들은 그곳에서 공개적으로 고백할 수 있었기 때문이다. 아주 소수의 사람들만이 홀에서 예술을 감상할 수 있다."

여성은 마치 거울에서처럼 그림 속에 있다.

* 1900~1971, 독일의 미술사가, 저서 『르네상스에서의 이교의 신비』(1958)를 통해 르네상스 미술의 구체적인 모티프(제스처나 표정 등)를 동시대의 철학과 관련하여 해명했다.
** 프랑스의 왕 루이 15세의 정부.
*** 화덕의 여신.

18세기 영국 문화에서 인도주의 이념과 영웅화된 초상화에 대한 에드가 빈트Edgar Wind*의 논문이 지적하듯이 그림, 교양, 패션의 연관성은 이미 프랑스혁명 이전에 성립되었다. 궁전의 부인들만이 역사적 의상을 그리게 한 것은 아니었다. 카를 반 루Carle van Loo가 마담 드 퐁파두르Madame de Pompadour**를 커피를 마시고 있는 터키 황제의 딸로, 프랑소아 위베르François Hubert를 베스타Vesta*** 여신의 제녀(祭女)로 표현했다. 빈트는 패션의 역사학자로서 더욱 깊이 파고들어 의상의 변화만 관찰하지 않고 이를 전제로 정신의 변화를 찾아냈다. 그는 이미 시민의 센티멘털리즘이 고대 그리스에서 첫 번째 포즈를 배웠다고 정의했다. 화가들은 현대에서 고대 그리스의 제스처가 주는 의미의 변환에 착수했다. 조슈아 레이놀즈Joshua Reynolds*는 영국 귀족 부인을 한 번은 프시케로, 한 번은 멜랑콜리아로, 실을 짜는 뮤즈로, 센티멘털한 자세를 취하고 있는 것으로 표현했다. 그리고 그는 고대 그리스 조각의 의미를 파악했다. 또한 빈트는 이렇게 정의 내렸다.

"고대 그리스의 포즈는 고대 그리스의 의상보다 조각을 위한 것이었다. 그리고 우리는 여기 미스 파렌과 하틀리 부인의 그림에서 이러한 의미를 처음으로 추적할 수 있다. 이 그림에서 고대 그리스의 의미는 동시대의 의상, 흘러내리는 듯한 의상, 가발 그리고 머리에 쓰는 베일과 결합되어 있다."

앞서 조각과 회화에 펼쳐졌던 제안들로부터 새로운 연극 예술이 발전했다. 여성에게 우아한 정신적 태도와 그에 어울리는 의상을 알려 주었다. "하나의 조각을 표현하고 나서 점차 생기를 불어넣는 팬터마임의 능력은 특별한 관심을 불러일으켰다. 왜냐하면 무대에서 하나의 과정이 완성되었고, 그 과정은 완전히 다른 사회적 수준으로 살롱에서 반복되었기 때문이다"라고 고대 그리스의 황금 시기에 선보였던 형상이 생명력 있는 모습으로 관조되었던 것이다.

부인들은 무대를 살롱으로 옮기고 배우로 등장했다. 그녀들은 이 기회에 무대의 여배우들에게 배웠던 모습을 다양하게 구현하거나 그림의 의상에서 보았던 것들을 표현했다. 빈트는 나폴리

* 1723~1793, 영국의 초상화가, 18세기 전반에 걸쳐 영국 회화에서 초상화는 중요한 장르였다. 레이놀즈는 신화를 다룬고전을 보고 연구한 기법으로 그림을 그렸고 본문에서 설명하는 그림은 비극의 뮤즈로 분한 「시돈즈 부인」(1784)이다.

영국 대사의 부인인 엠마 해밀턴Emma Hamilton의 스케치북에 관해 보고했다. 이 그림첩은 시돈스Siddons 부인이 더블린의 공연에서 보여 준 포즈와 의상들을 아주 조심스럽고 진지하게 그린 것이다.

"얼굴은 멍한 표정이었다. 이것에서 사람들은 화가가 전체 연극의 인상을 보여 주려 한 것이 아니라 사회 속에서 이용할 수 있는 요소들을 포착하려 했음을 알 수 있다. 즉 포즈와 의상이다."

해밀턴 부인은 패션의 첫 번째 학생으로 여성을 위해 하나의 지적인 역사만 제시한 것이 아니라 신체적 경험까지 제시했다. 괴테는 1786년 나폴리에서 그녀의 연극 무대를 체험하고 이렇게 묘사했다.

"그녀는 자신의 남편이 수집한 그리스 도자기에 의상과 연극을 통해 자신의 정신과 삶을 불어넣은 그림을 그려 넣은 것 같다."

영국 대사 해밀턴 기사는 나폴리에 오래 살면서 예술을 사랑하고 자연을 연구한 끝에 자연과 예술이 주는 즐거움의 정점을 아름다운 엠마에게서 발견했다. 해밀턴은 스무 살쯤 된 영국인 엠마와 함께 살게 되었다. 그녀는 아름다웠고 몸매가 훌륭했다. 그는 그녀에게 잘 어울리는 그리스 의상을 입히고 머리를 풀어헤치게 하고 숄을 걸치도록 했다. 그리고 그녀는 자세, 몸짓, 표정 등을 변화시켜 보는 사람으로 하여금 마치 꿈을 꾸고 있는 양 착각하게 만들었다. 사람들은 수천 명의 예술가가 이룩한 것들이 그녀가 바꾸는 포즈를 통해 놀랍도록 완벽하게 이루어지는 광경을 보았다. 그것은 서 있고, 무릎을 꿇고, 앉고, 눕고, 신비하고, 슬프고, 즐겁고, 극단적이고, 참회하고, 유혹하고, 위협하고, 불안해 하는 등의 감정들이었다. 한 동작은 다음 동작으로 이어지고 다른 동작에서 또 다른 동작이 계속되었다. 그녀는 모든 표현을 위해 숄의 주름까지 선별하여 변화를 만들어 낼 줄 알았다. 그리고 같은 숄을 가지고 수백 가지 형태로 머리를 장식할 줄 알았다. 늙은 기사는 여기에 광채를 발휘하게 했으며 온 마음을 다해 이 대상에 몰입했다. 그는 그녀에게서 고대 그리스의 모든 것을, 시칠리아의 동전에 있는 아름다운 옆모습과 벨베데레의 아폴론 Apollon*까지 발견했다. 아주 많은 일을 한 것은 사실이지만, 그중에서 찾을 수 있는 유일한 것은 즐거움이었다! 우리는 이미 두 번의 밤을 즐겼다. 오늘은 화가 티슈바인Wilhelm Tischbein**이 그녀를 그렸다."

괴테의 설명은 비록 영국에 비해 상당히 뒤처져 있지만, 독일에서 여성 모방자들인 소위 행위 연극인들을 자극했다. 헨리에테 헨델쉬츠Henriette Hendel-Schütz는 요한 페터 헤벨Johann Peter Hebel***의 친구였으며, 또한 그의 애인의 '시어머니'로 19세기의 역사적 기호에 상응하면서 중세와 이국적 포즈를 보여 주었다. 그리고 페터 헤벨의 연극 여행에 동참하여 전 유럽에서 그녀의

* 델포이를 공포에 몰아넣은 뱀 퓌론을 죽이고 발걸음을 떼는 모습의 로마 시대 대리석상. 고대 예술 작품 가운데 최고의 이상이 실현된 작품으로 평가받는다.
** 1751~1829, 독일의 화가. 괴테와 절친한 친구 사이였고 함께 이탈리아를 여행했다. 「캄파냐의 괴테」(1786)로 알려져 있다.
*** 1760~1826, 독일의 작가. 단편을 많이 썼는데 신문 모음집 「라인란트 가정의 벗, 이야기 보물상자」가 잘 알려져 있고 방언 연구로도 유명하다.

의도를 보여 주려고 했다. 해밀턴 부인처럼 헨리에테 헨델쉬츠는 행위 연극으로 잡지에 등장했다. 프러시아 여왕 루이제는 궁전 축제에서 역사적 의상을 입고 등장하곤 했는데 한 번은 헤베의 여신*으로, 한 번은 르네상스의 여군주로, 한 번은 수녀와 베스타의 제녀로 등장하여 궁정 화가로 하여금 자신을 그리게 하여 유명해졌고 또한 호평을 받았다.

* 청춘의 여신.

　그림은 바야흐로 패션과 의상으로 교양 있는 시민을 만들고 있었다. 그림, 무대, 책을 쉽게 얻을 수 있는 교양 시민은 패션의 요구를 만족시킬 수 있었다. 당시 패션은 재단사와 여성 고객의 비이성적인 착상이 아니었다. 예술가, 배우, 시민 그리고 거리를 무대와 아틀리에로 생각하여 배회하는 사람은 모두 패션이라는 현상을 만들어 냈다. 모든 예술 작품의 결과물은 자주 경멸의 대상이 되거나 조롱을 받으면서 여성에게 넘겨졌다. 그러나 그것을 완성하는 데에는 교양의 세계가 관여하며, 예술가와 작가들은 패션이라는 그림이 만들어지는 데 동참했다는 사실에 책임을 지려 하지 않았다. 패션의 장소인 오페라, 살롱, 극장과 대립되는 장소인 아틀리에, 도서관, 강단 그리고 책상에서 의상실은 그리 좋은 대접을 받지 못했다.

　여성들은 패션 잡지로 인하여 예술사 강의를 듣게 되는데, 이 강의에서 유행을 의식하는 부인은 오랫동안 부정했던 여성의 스타일이 형성되는 흔적을 찾게 되는 것이다. 그녀들은 예술사가 마치 자신의 계보인 양 그렇게 작업한다. 즉 그녀들은 조상을 연구하는 사람이다. 예술사가들은 유행을 통해서가 아니라 유행에 도전함으로써 조상을 연구하는 사람이 되는 것이다.

| 명품 의상 |

의상은 이름과 성을 가지고 있다. 재단사, 예술가, 기업가의 이름에서 따오되 시적인 지위를 보여 주는 의상은 만들어지면서 동시에 의상들은 이름과 성을 필요로 한다. 신분을 나타내는 의상이 사라지자, 의상들은 명품이라는 브랜드가 필요했다. 그런 명품 의상을 착용한 사람은 잃어버린 유대감을 다시 찾을 수 있기 때문이다. 명명 작업은 역사와 함께 변화했다. 19세기 이후 유행을 따르는 여성은 일반적으로 유명 디자이너의 가족이 되고, 오늘날의 젊은이는 유명 브랜드를 착용하여 유명 회사의 일원이 되는 것이다.

찰스 프리데릭 워스Charles Frederick Worth*는 모든 사회 계층이 가족에 대한 의식을 지니고 있다고 말했다. 그는 자기 이름과 성을 붙인 옷을 판매한 첫 번째 사람이다. 패션 창조자 혹은 '훌륭한(명성 있는 그리고 믿을 만한) 회사'는 이제부터 '훌륭한 사회'를

* 1826~1895, 오트 쿠튀르의 창시자. 나폴레옹 3세의 황후 위제니의 디자이너가 되어 세계적으로 명성을 떨치며 프랑스 패션 산업에 활기를 가져왔다.

표현한다. 한 남성을 위해 지팡이 하나를 살 경우, 만약 20세기 유럽의 도시에 있는 우아한 상점인 '크니체Knize'에서 샀다면 얕잡아 볼 수 없었다. 거대한 공간과 위대한 이름을 가진 소매점에 언제나 몇 명의 천재들, 쿠튀르들이 생산업체와 심지어 판매에 신경 쓰지 않고도 가족의 대표로서 등장했다. 여성은 위대한 오트 쿠튀르의 의상들을 입으면 꿈을 꾸듯이 예술과 친근하다고 느끼게 되었다. 일반적으로 여성 고객은 얌전했으며 '훌륭한 가족'에 속한 상표를 자랑하지 않았다. 1970년대 이후 오트 쿠튀르는 그들의 유산 속에서 하나의 고백을 요구했다. YSL(이브 생로랑), CD(크리스티앙 디오르)는 훌륭한 가족이 되고 싶어하는 여성의 자부심을 이용한 최초의 상표였다. 패션의 창조자들은 창작물인 머플러, 선글라스, 가방에 자신들의 문장을 새겼다. 그리하여 몇몇 귀족의 성을 따라 욥Joop, 돌체 & 가바나Dolce & Gabbana라는 브랜드가 탄생하고 다른 가족들도 설립되었으나, 유대감은 느슨해졌다. 경쟁으로 인하여 대표의 이미지가 약화되었기 때문이다. 예전에는 어떤 소년에게 유명 학교를 다닌다는 사실은 하나의 자부심이었다. 그 소년의 어머니에게는 유명 디자이너의 옷을 입는 것이 자부심이었다. 패션 디자이너가 광고 매체에게 구애하듯이 오늘날에는 학교가 학생들에게 구애한다.

롤랑 바르트는 저서 『패션의 언어』(1967)에서 의상과 언어가 연관성이 있음을 밝히려고 노력했다. 그러나 이름을 주는 역할은 간과했다. 이러한 역할이 그의 시대에는 오늘날 가슴이나 허리띠에 부착하는 것처럼 그리 분명하게 두드러지지 않았다. 의상의 이름을 부르는 대신 어떤 정해진, 그리고 멋있고 성대한 상황에 속해 있는 시적 전환에 관심을 유도했다. 의상은 봄 · 주말 · 칵테일 · 눈 · 높은 산 · 예술, 즉 고양된 영역 속에서 여성의 삶이 아름다워지는 모든 상황과 결부되었다. '내 여름 의상', '내 칵테일파티 의상', '내 댄스파티 의상'은 여성의 이름처럼 자연을 연상시켜 마치 소녀, 장미, 마거릿, 황야, 나비, 비둘기, 생쥐로 불리는 것과 같은 애칭이다. 바르트는 문학적 교양이 시작되면 예의범절이 함께하면서도 축제의 상황이 나타난다는 사실을 알게 되었다. 의상의 성과 이름은 여성에게는 문명화된 존재에 대한 믿음을 형성했다. '패션의 속력 조절기'라는 별칭이 붙은 구스타프 클림트가 패션을 위해 이용했던 '부인들' 속에서처럼 의상에 의미 있는 시인들이 인용되었다면, 의상은 위대한 어휘의 인식을 요구한다. 2005년 겨울 컬렉션에서 하얀 가죽 위에 엘리엇의 시가 다음과 같이 변형되었다.

"겨울이 대지를 흰색으로 감싸면, 저 멀리 망각의 눈은 꿈결처럼 아무 근심 없는 어린 시절과 같다."

혹은 페터 회Peter Høeg*의 문장 "이 순간 이사야를 에워싸고 하

* 1957~, 덴마크의 작가. 『스밀라의 눈에 대한 감각』(1992)으로 전 세계에 이름을 알렸고 『경계선에 선 사람들』(1993)로 논란의 대상이 되었다.

* 프랑스 출신으로 뉴욕에서 활동하는 패션 디자이너. 유럽풍의 로맨틱한 디자인으로 전 세계 여성의 사랑을 받고 있다.
** 가슴 바로 밑에서 허리선이 전개되는 하이웨이트라인 드레스로 원래 19세기 초 나폴레옹 시대에 유행한 여성 복식.

*** 프라다의 수석 디자이너 미우치아 프라다가 전개하는 브랜드. 미우미우는 고양이의 울음소리로, 디자이너의 이름과 귀여운 고양이의 이미지를 더한 것이다.
**** 단추 대신 지퍼가 달린 블루종 패션.

늘이 울고 있다. 눈물은 그의 어깨에 내려앉은 솜털 같은 서리가 되었다"가 있다. 여기에 캐서린 말란드리노Catherine Malandrino*의 102유로(약 13만 원)짜리 레이스, 실크, 부드러운 면으로 된 엠파이어 라인**의 의상, 머플러, 베네통 머플러, 캐서린 말란드리노 부츠, 그릴과 고릴라의 커프스 등이 있다. 예술사, 문학, 언어적 지식 등은 이러한 의상을 구입할 능력이 있는 부인이 갖추어야 할 절대적 전제 조건이다.

젊은이들을 위한 패션을 디자인한 브랜드 Zoo(동물원)의 의상으로 온통 감싼 여성은 완전히 달리 보일 것이다. 브랜드의 모델들은 다음과 같다.

"회색 비니 모자는 나이키에서/니트로 된 헤드 밴드는 미우미우Miu Miu***에서/검정색과 흰색 타월은 나이키에서/집업zip-up****은 엠포리오 아르마니Emporio Armani에서/관절 보호대는 나이키에서/무릎까지 오는 짧은 핑크 니트 조깅복은 언컨디셔널 Unconditional에서 살 수 있다."

의상은 어휘가 절제된 시다. 생산품은 색채로 특징을 나타내며 힘, 운동, 신체의 느낌을 암시한다. 오늘날 가족 중 부인은 피트니스 센터로 그리고 어학 코스로 가지만, 대학 강의실로는 가지 않는다. 지위가 있는 기업과의 결합은 (가족의 대표 오트 쿠튀르와는 결합하지 않는다) 그들의 겉모습을 결정한다.

'골프 세대'의 사람들은 이상적 스타일로서의 상표 이름을 잘 알고 있기에 의상은 항상 브랜드네임을 표방하고 나온다. 이러한 이름에 관심을 갖는 것은 단지 여성에게서 남성에게로 전이된 것으로 남성은 모든 것, 의상의 유래에 대해서도 큰 소리로 환기시키고 있다. 나이키의 회장인 필 나이트Phil Knight는 '독일 노동조합연맹 1998'에서 이렇게 말했다.

"생산 자체로는 별다른 가치를 창조할 수 없습니다."

그러므로 무엇보다 생산을 보여 주는 것이 문제가 되었다. 따라서 단순한 판매 '이전에 하나의 문화'가 필요하다. 이러한 판매 '이전의 문화'는 여태껏 여성만 가꾸어 왔다. 남성이 패션에 대해 투덜거리는 것은 이러한 예전의 문화를 예감하지 못하기 때문이다. 이러한 문화의 종류를 남자들은 와인이나 자동차 같은 다른 소비재에서 알게 되었다. 와인과 자동차의 언어는 존재하기 때문이다.

패션을 위한 남성의 어휘는 궁핍하며 시적 운율이 매우 부족하다. 그러므로 그들은 이름이 계속 반복된다는 이유로 상표를 선호한다. 모든 패션이 에워싸는 광채에 그들은 회사의 대차대조표를 들고 온다. 회사의 결산이 막대할수록 많은 구매자가 생산품을 구매한다. 그러므로 소년들은 제품을 구입한 패션 회사의 압도적 승리를 사방에 광고하며 거리를 배회한다. 그들은 개인과 사회의 지위에 가치를 두지 않고, 축구 협회의 팬처럼 그 회사의 인지도와 성과에 가치를 두기 때문이다.

신발 하나를 사는 것도 일종의 주식 투자다. 모든 샘플은 거리에서 볼 수 있고 상표가 알려지면 그 가치가 상승한다. 상표가 있는 옷을 지니기 위해서는 미학적 교육이 아니라 경제적 교육이 필요하다. 하위 계층의 아이들은 교양에 대해 거의 들어 보지 못하고 아름다움을 그다지 경험하지 못한다. 그들은 상표를 '모방' 하면서 모든 이를 위한, 그리고 자신을 위해 가장 사랑받는 의상을 알게 된다. 상표, 모방, 회사명이 미학에는 관심 없는 스포츠 팬이라는 거대한 가족을 형성한다. 패션의 바보가 스포츠의 바보가 된다. 누구보다도 아이들과 젊은 남성이 상표가 있는 의상을 구입한다. 여성은 문화에 의존한다. 그전에도 그후에도 그리고 패션 잡지와 패션 잡지 '안에' 있는 장소에 집착한다.

| 패션에 귀 기울이다 |

젊은이들의 패션을 미학적으로 표현한다면 그것은 음악과의 관계라고 할 수 있다. 소녀와 소년들은 때로는 선생님에게 이끌려 박물관으로 가기도 하지만 곧 디스코텍으로 도망간다. 젊은이들이 연출하는 패션의 장면 속에는 팝 가수, 래퍼, DJ들이 지배한다. 젊은이의 패션을 위한 대부분의 잡지에는 책에 CD가 첨부되어 있다고 선전하는 광고가 등장한다. 젊은이들은 어떤 '타입'으로 자신만의 목소리로 사진 속에 등장한다. 정지된 사진 속에서 유혹하는 듯한 외침은 어떤 사진보다 강력한 힘을 발휘한다. 음악을 듣는 젊은이는 화려하게 불이 밝혀진 홀과는 달리 어둡기 때문에 약간의 패션만을 요구하는 디스코텍이나 콘서트장으로 따라간다. 단지 가수만이 조명을 받으며 기이한 디자인의 옷을 입고 자신을 보여 준다. 청중은 어둠 속에서 움직임만으로 인식한다. 가수가 모두 함께 리듬을 타면서 춤을 추도록 요구하는 일종의 고등학교 선생님 역할을 하기 때문이다. 가수가 입는 의상에서 중요한 장식 요소는 일반인이 따라 하기 힘든 문신인데, 따라 한다면 이는 하나의 고백을 의미한다. 패션의 스타일은 시대의 고백이 되고 하나의 문신이 남는다. 단지 청소년의 패션이 보여 주는 시각적 요소는 화가와의 관계를 기억하게 한다. 즉 쓰기, 그라피티Graffiti,* 집 벽, 철둑 그리고 공장의 낙서 등이 그것이다. 그러나 이러한 예술품은 미술관에 걸리지 않으며 교양이 될 수 없는 무대에서 대중가수와 청소년이 만나는 장(章)이다. 무대 위의 가수는 귀에 이어폰을 다시 꽂게 만들면서 일상생활에서 '무의지적 기억'으로 남는다. 지하철에서, 자전거 위에서, 대학의 구내 식당에서 워크맨은 기억으로 현상을 불러낸다. 청소년의 패션

* 벽이나 화면에 낙서처럼 긁어서 그리거나 페인트를 분무기로 내뿜어서 그리는 그림.

은 귀를 통해 등장한다.

꿈에서 기억된 형상은 실제 존재로 다시 불러낼 수도 어떤 역할을 할 수도 없다. 성애의 언어는 더 이상 의상 언어가 아니다. 패션에 변화가 일어나도록 하는 피임약의 의미는 과소평가되었다. 속칭 아이를 부정하는 알약으로 불리는 피임약은 여성이 자유롭게 활동하고, 어떤 결과도 두려워할 필요가 없게 해준다. 그렇기에 그들은 애교나 패션 상징과의 놀이를 포기할 수 있다. 즉 남녀 공학은 욕망을 표현하고 소유하는 것은 지체시키는 것을 함축적으로 보여 주는 곳이다.

위대한 사랑의 각성은 이제 소녀들로 하여금 리본이나 띠로 자신을 드러내지 않게 만들었다. 오늘날에는 귀에 꽂은 이어폰이 낭만적 감정을 준비하는 도구다. 아름다운 의상이 아니라 음악이 소녀의 위대한 사랑에 대한 욕구를 잠재운다.

04_ 스승의 표현

진보의 정수로 간주되는 정장과 바지는 여성의 환상이 태초부터 남성에게 의존하고 있다는 사실을 보여 준다. 남성은 여성이 자신들의 스타일을 흉내 내자 무관심으로 과시하는 것이다. 안티패션은 남성이 제안한 최신 패션이다.

| 패션의 역사 |

패션의 역사는 언뜻 보면 마치 가장행렬 같다. 그 바보스러움을 처음에는 경탄하다가 곧 조롱하게 된다. 미국의 문화예술사가 앤 홀랜더Anne Hollander*는 인간의 의상예술사에 관한 풍부한 발상들이 넘치는 성찰서인 『의상과 에로스』에서 패션의 근본적 특징은 수백 년 이상, 아니 수천 년 동안 변한 것이 아무것도 없다는 사실이라고 말했다.

"일상적인 의상도 근본적 비율과 특성에서는 그다지 변화가 없다. 그리고 변형은 아주 미미하며 단명했다. 패션은 스타일의 변화라기보다 패션의 변동이라고 할 수 있다."

홀랜더는 그러면서 방향을 찾을 수 없는 에너지를 형성하고자

* 1930~, 미국의 미술사학자. 저서 『의상과 에로스』는 패션의 사회적·역사적 의의에 관한 것으로, 패션은 의상·옷감 이상의 의미를 갖는다고 했다. 그리고 여성이 남성의 재킷과 팬츠를 입기 시작하면서 남녀의 의상이 각각 특징적으로 발전하게 되었다고 설명했다.

하는 열망으로서 패션을 정의했다. 패션은 중세기 이후 더 이상 변화하지 않았다는 그녀의 주장은 더욱더 독자들을 놀라게 한다. 오늘날 남성 의류에서 찾을 수 있는 새로운 유럽 의상의 근본적 모델은 13세기에 만들어졌다는 것이다. 그러므로 패션의 역사는 남성 패션의 디자인을 변용하여 이루어진 것이다. 그러나 남성 패션에서뿐 아니라 여성 패션에서도 그러하다. 마침내 질 샌더Jil Sander*가 남성 패션에서 여성 패션을 위한 아이디어를 얻었다면, 그녀는 항상 관례가 무엇인지를 알고 있었던 것이리라. 남성은 모든 이를 위해 패션을 만든다(비록 패션이 여자를 만들지라도).

13세기 이후 등장하는 재단법은 고대 의상의 두 가지 특성으로 구분된다. 즉 위와 아래로 신체를 구분하는 것과 몸매에 맞게 둥글게 재단하는 형태다. 고대 의상은 힘들게 재단하지 않아도 개인의 몸매를 주름으로 편안하게 하면서 온몸을 천으로 감싸는 형식이다. 그러나 고대 이후 상하 둘로 구분된 의상은 둥근 가슴을 감싸는 몸통과 팔다리를 감싸는 소매통과 바짓가랑이를 애써 재단하는 형식이었다. 이렇게 몸을 감싸는 재단은 —그리고 홀랜더는 두 번째 놀라운 가설을 세운다 —조형적 신체를 모방한 투사의 장비에서 원형을 찾을 수 있다. 고대 의상을 추억할 수 있는 것으로 여성에게는 치마가 남아 있다. 조각을 연상케 하는 통나무 같은 모양은 20세기까지 유지되었다. 반면에 남성의 치마

* 1943~, 독일 출신의 패션 디자이너. 1973년 자기 이름의 브랜드를 만들어 액세서리, 남성복 라인으로 점차 사업을 확장했다. 단순하고 엄격한 디자인으로 성공을 거두었다.

보다 더 오래 유지된 상의는 그들에게 맞는 형태로 단계적으로 바뀌었다.

홀랜더는 역사적 삽화를 통해 자신의 가설에 대한 근거를 들고 있다. 왜냐하면 유럽 패션은 그림으로 드러나기 때문이다. 르네상스의 그림에서는 다음과 같은 것들을 볼 수 있다. 갑옷의 가죽 끈과 장식이 조끼와 재킷의 끈과 가장자리 장식으로 변형되었다. 비록 형태는 부드럽지만 철제 갑옷이 몸을 감싸는 것이다. 장비를 갖추어 입은 기사가 19세기 말에는 갑옷을 벗지 않은 우아한 기사가 된 것이다. 그 새로운 버전은 블레이저Blazer 코트,[*] 쥐스토코르Justaucorps,[**] 남성용 재킷, 짧은 재킷 혹은 여성용 재킷으로 부활했는데 투사들의 하의와 상의에서 항상 그 모델을 찾을 수 있다.

다른 작가들이 패션의 남성적 근원에 대한 홀랜더의 가설에 자발적이면서도 산발적으로 증거를 대고 있다. 카롤리네 드 라 모테푸케Caroline de la Moth-Fovqué는 20세기 이전에 이미 패션에 대해 성찰한 몇 안 되는 여성 중 한 사람인데, 그녀는 남성이 나폴레옹전쟁 이후 갑자기 대검을 차지 않고 환영식에 나타났음을 깨달았다.

"남성은 대검 대신 대검을 감춘 가벼운 산보용 지팡이를 발명해 냈다."

* 본래는 케임브리지대학의 보트 선수들이 입던 주홍색 상의로서, 1880년대부터 블레이저라는 이름이 사용되었다.

** 17세기 말부터 18세기에 걸쳐 유럽의 남성이 즐겨 입던 긴 상의. 본래 몸에 꼭 맞는 조끼라는 뜻이다. 몸통 부분은 몸에 꼭 맞고, 허리부터 아래 부분은 스커트 모양의 옷자락을 달았다. 칼라는 없으며, 소매는 가늘게 내려가다 소맷부리에서 넓어지고 커다란 커프스를 달았다.

존 칼 플뤼겔은 유니폼과 군복이 암시하는 바를 찾아냈다.

"경기병 유니폼은 가슴뼈를 모방하기 위한 의도에서 나온 것이다. 그리고 죽음을 상징하는 것이 틀림없으며 사람들에게 두려움을 일으켰다. 이러한 의상의 영향은 오늘날까지 호텔 보이의 버튼이 달려 있는 유니폼에서 찾아볼 수 있다."

이제 이렇게 다른 용도로 쓰이는 현상이 가끔 되살아나는 것처럼 보인다. 예를 들어 미국의 젊은이들은 20세기 나치스가 집권한 독일과의 전쟁에서 승리를 거둔 후 '승리의 의상'을 입거나 독일 여성이 전쟁 중에, 그리고 종전 후에 낙하산에 쓰이던 비단으로 만들어진 블라우스에 열광하는 것과 같은 것이다.

현대 미국 문화사에서 모든 의상이 전쟁에서 유래했다는 사실을 언급하기 전 19세기에 독일의 야콥 팔케Jacob Falke가 먼저 이를 통찰했다. 1858년 그의 『독일 의상과 패션 세계. 독일의 문화사에 대한 기여』가 출간되었다. 19세기에 남자들은 대개 특별한 행사 때 유니폼을 입고 등장하는 것이 당연한 일이었다. 팔케는 패션의 군대화 문제에서 과거를 추적해 보았고, 그 결과는 다음과 같다.

"(7년 전쟁이 끝난 후) 많은 군인이 시민의 일상 세계로 돌아갔지만 그들은 군복을 명예로운 것으로 간주했고, 사람들은 군복과 유사한 스타일을 입거나 거의 군복 같은 스타일을 입게 되었다."

카롤리네 드 라 모테푸케는 의상 스타일 혁명의 시작은 군대에서 준비되었다고 설명했다. 댕기머리는 프리드리히 빌헬름 1세의 명령에 따라 군대 근무를 편하게 하기 위한 스타일이었지만, 18세기 말 사라졌다.

"그는 군대의 모든 것에 변화를 주면서 커다란 성과를 거두었다. 그는 외적인 것을 단순화시켰다. 이로 인해 다른 나라에도 모범이 되었다. 군대의 까다로운 복장 규정에 따라 길고 불편한 머리를 뒤로 묶게 했다. 그런데 곧 이 댕기머리 중에서도 길고 숱이 많은 머리가 멋있는 스타일이 되어 버렸다. 장교가 장군이 되면서 댕기머리는 사회에 진출하여 높은 사람들의 모임에서 분명한 시민의 권리를 획득했다."

팔케는 연미복이 유니폼에서 점차 발전하여 남성의 사교복이 된 사실을 관찰했다.

"군주들이 유니폼을 착용하기 시작하면서 18세기의 여러 면에서 모범이 되던 전형을 군대에서 찾을 수 있다. 독일의 프리드리히 빌헬름 1세가 시작한 풍습은 다시 프랑스 왕들의 취향이 되었다."

그사이 패션을 위한 개론서와 사전에는 군대 의상이 패션에 영향을 주었다고 기록하고 있다. 잉그리드 로셰크Ingrid Loschek의 『패션 그리고 의상 사전』을 찾아본 사람은 표제어의 대부분에서 그러한 유래를 설명하고 있음을 찾을 수 있다. 로셰크는 연미복이 만들어진 것을 팔케보다 더 정확하게 다음과 같이 판단했다.

"(연미복은) 1740년 두 형태의 의상으로 발전했다. 즉 영국식 시민 상의와 군대식 상의다. 두 의상은 원래 길었다. 하지만 영국식 상의는 운동의 자유로움을 확대하기 위해 상당히 짧아졌다(승마용 윗옷으로 이용되었다). 그리고 군대 상의도 앞자락은 짧아지고 뒷자락은 단추와 후크로 고정되었으며, 화려한 안감이 보이도록 했다. 1770년 이후에는 연미복의 영향을 받아 그때까지 일반적인 유행 의상이던 쥐스토코르는 스티치가 있는 프랑스식 실크 코트가 되어 유일하게 궁중 정장으로 남았다."

철을 주조하여 만든 갑옷의 둥근 부분을 직물로 재현하는 데에서 발생되는 문제는 주름이었다. 궁중 의상을 만들 때 곡선으로 재단된 직물은 신체를 따라 모형을 만들었다. 이음새가 없는 가슴 부분에는 훈장을 달 수 있도록 했다. 남성의 외모에서 영웅 심리는 오늘날에도 여전히 찾아볼 수 있다. 다시 말해 20세기의 남성 대부분은 예전에 계급장이 반짝이던 왼쪽에 가리마를 타고 있다. 남성의 와이셔츠·재킷·외투에는 왼쪽에 단춧구멍이 나 있는데, 훈장을 위한 영역인 왼쪽은 보다 넓은 자리가 있어야 했기 때문이다. 그리고 그의 오른쪽에 동반하는 여성을 볼 수 있도록 심장이 있는 왼쪽이 열려 있어야 한다.

홀랜더는 현대 패션의 근원이라고 할 수 있는 군복에서 놀라운 결론을 추론해 냈다. 패션의 모든 창조성은, 특히 여성 패션의 창조성은 남성 패션에서 출발했으며, 여성은 남성에게 위아래로 분리된 의상을 물려받았고, 고대 그리스와 로마의 의상을 연상케 하는 치마가 20세기까지 유지되었다는 것이다.

남성 스타일의 모방은 우선 상의에서 나타난다. 몸부터 말하자면 코르셋을 들 수 있는데, 코르셋이 갑옷과 비슷하다는 점은 간과할 수 없다. 다시 말해 코르셋은 갑옷을 여성적으로 옮겨 놓은 것이다. 카롤리네 드 라 모테푸케는, 루이제 여왕은 그녀의 이중턱 때문에 목깃받침을 발견해 냈으며 이는 남성 패션에서 유래했다고 했다. 이런 견해에는 믿을 만할 근거가 있다.

"그녀는 목이 볼품없고 뚱뚱했다. 그래서 남성의 넥타이를 부풀린 모양으로 옷감을 여덟 번 접어 목을 감싸 턱의 일부만 보이게 했다."

현대 여성 패션의 '일반적 보수주의'는 남성 패션과는 대조를 이루며 변화하고 있다고 홀랜더는 전망한다. 물론 해방된 여성은 그렇지 않다.

"여성의 의상에는 현대적인 것이란 없다. 그래서 여성 의상이 현대의 남성 패션을 모방했다는 이론은 20세기까지 관철되고 있다. 해방된 여성은 의상을 현대화시키려고 노력하고 있는데, 남성이 한 세기 전에 해왔던 것을 모방하는 것보다 나은 길을 찾지 못하고 있다."

코코 샤넬과 질 샌더는 전쟁 전후에 이러한 패션의 의무를 짊어진 최초의 여성이었다. 그리고 여기에 바로 그녀들의 역사적 의미가 있다. 진보의 정수로 간주될 만한 것은 정장과 바지인데, 이것들은 여성의 환상이 태초부터 남성에게 의존하고 있다는 사실을 보여 주는 것에 불과하다.

| 오늘날의 여학생들 |

앤 홀랜드의 저서는 패션의 범주에서 여성에게 해방의 의미를 부여한다. 즉 여성이 남성의 의상을 모방하고 있으며, 바지 등을 남성의 의상에서 넘겨받는 것으로 보았다. 직장 여성에게는 경영자의 의상이 적합하다. 남자들은 패션에서 이미 이루어진 것을 받아들이지 않는 반면 여성은 남성의 정장을 입게 되면서 '약식 복장'을 찾아내고 있다. 사업가들은 재킷을 자주 벗어 놓는다. 조찬 모임에서 스웨터를 입은 여성은 홀가분해 보이기도 하지만 축 처져 보이기도 한다. 그러나 이제 여성은 남성에게서 넘겨받은 바지를 입고 단정하고 힘차게 서 있다. 남성은 패션의 흐름을 결정하면서도 겉으로는 패션에 별 관심을 보이지 않는 것처럼 행동한다. 여성이 자신들의 스타일을 의식적으로 흉내 내자, 남성은 무관심으로 과시하는 것이다. 안티패션은 남성이 제안한 가장 최신 패션이다.

　이제 젊은이들의 특이한 패션이 성립되어 펼쳐지고 있다. 남녀 공학 세대의 여학생들이 현대에 와서는 자신들만의 창조성을 발전시킬 것이라고 희망하고 있다. 그러나 젊은이를 위한 잡지가 『주스』, 『동물원』, 『도이치』 등의 제목으로 난무하는 것을 본 사람들은 바뀐 것이 없다는 사실을 알게 된다. 여성은 잡지 속에서 유행하는 장식을 한 근육질의 남성 옆에 대부분 겸손한 여성이 있음을 보게 된다. 여성적 패션이 최신의 남성들의 환상에 의존하고 있음이 그 어느 때보다 솔직하게 이러한 잡지에서 드러나고 있다. 잡지들을 세밀하게 관찰해 보면 청소년 패션에 나타난 형상에 대한 확실한 근거를 찾을 수 있다.

2장 패션을 살다

01_ 청소년 패션

거리를 메우고 있는 소녀와 남자 아이들은 새롭게 창조된 디자인의 특색을 찾아내기 위해 마

치 야생동물을 쓰러뜨리려는 사냥꾼같이 상점들을 스치고 지나간다. 청소년을 위한 패션이 아

닌 보수적인 패션은 더 이상 시내 한가운데 상점을 얻기가 힘들 정도다.

패션업계에서는 여성 고객을 위해 지금까지와는 다른 척도로 신체 측정 방법을 고안해 냈다. 지금껏 55~88사이즈로 구분하던 것과는 달리 스몰과 라지(S, L) 사이즈 사이에 미디움 사이즈를 집어넣어 S · M · L · XL로 구분한다. 사이즈의 구분은 신체의 크기보다 여성 고객의 성장 단계와 관계있다. 이것은 여학생 또래의 고객을 위한 것이다. 그녀들이 55사이즈의 우아한 부인일지, 88사이즈의 체격이 큰 여성일지 운명은 아직 결정되지 않았다. 그녀들이 카탈로그를 보고 주문할 때면 자신들의 신체가 가정주부, 미망인, 대단히 바쁜 어머니들의 몸매가 되기 전에는 가슴, 허리, 히프로 측정하지 않는다. 사실 아이들의 몸매에는 어떤 옷이라도 잘 맞는다. 어린아이를 위해서는 2세 · 5세 · 10세 등 나이로 불분명하게 사이즈를 구분하는 것처럼, S · M · L사이즈의 구분은 신체를 불확실한 윤곽으로 구분하는 것이다. 성장기의 아이들은 결국 누가 서서히 혹은 빨리 성장하는지로 구분된다. 그리고 사춘기도 다양한 나이로 구분될 수 있다. 그러므로 S는 적게, L은 많이 성장한 것을 뜻한다.

그러므로 오늘날의 마케팅에서 패션은 성장기의 청소년(XX-young세대)을 위해 만들어진 것이다. 나이 많은 사람(XX-old세대)이나 정말 부자들은 샤넬의 제품을 살펴보거나 베르사체의 제품에 비싼 값을 치르며 청소년 문화의 이념을 전수받는다.

| 샘플링 |

예나 지금이나 모든 사람은 옷을 입으면서 자신이 돋보이고 정체성이 확립되며, 지위 · 직업 · 학교에 의한 일상의 속박에서 벗어나기를 희망한다.

14~16세 학생들의 '영역 연구* 소비'에 대한 설문조사를 하면 다음과 같은 의견이 대부분이다. 학생들은 자신의 의상으로 자신만의 개성을 드러내고 친구들과 분명하게 차별화한다는 것이다. 개성은 혼합을 통해 이러한 청소년 세대를 성립시키고 있는데, 그들은 대중음악에서 새로운 스타일을 믹스하면서 음향적

* 자연적 조건 아래서의 체계적인 학문적 관찰.

인 소품과 그것을 사용하여 소리를 흉내 내는 샘플링*이라는 표현을 접합하고 있다. 더 나아가 청소년 패션은 패션 창조자가 되기를 포기하는 것이다. 청소년은 자신들의 의상을 샘플링한다. 사회는 젊은이들에게 그들의 구역을 허용하며, 여기에는 그들이 시험해 볼 수 있는 샘플이 진열되어 있다. 그리고 청소년들은 새로운 패션 놀이인 사냥꾼과 수집가에 몰두한다.

오늘날 모든 도시에는 패션을 위한 학교라고 부를 만한 거리가 있다. 여기에서 그들의 쌈짓돈이 지불된다. 상품을 시험해 보는 것은 견본을 구경할 수 있는 거리인 베네통, H&M, S. Oliver, Zara 그리고 그 다음에는 미국의 패스트푸드 가게(칼로리는 풍부하지만 가벼운 식사를 할 수 있다)에서이다. 청소년을 상대로 하는 이러한 거대한 상업 지역에서는 서구 문명의 발전이 이루어지면서 예전의 사회를 느낄 수 있는 것은 찾기 힘들다. 거리를 메우고 있는 유연한 소녀와 날쌘 남자 아이들은 새롭게 창조된 디자인의 특색을 찾아내기 위해 스웨터들이 쌓여 있는 한 상점에서 다른 상점으로 휙 스치고 지나간다. 그들은 마치 독특한 야생동물을 쓰러뜨리려는 사냥꾼같이 상점들을 스치고 지나간다. 그리고 그들이 독특한 완제품에 다가서면 예전에는 한 번도 예감치 못했던 다양한 취향이 나타난다. 서양과 동양의 양념을 혼합시킨 퓨전 음식은 독특한 성분이 들어 있음에도 불구하고 달콤한 향기가 나는 음식을

* 본래 '표본 채취'라는 뜻으로, 음악에서는 곡의 일부를 바꾸지 않고 그대로 빌려 오는 경우를 말한다.

만들어 낸다. 마찬가지로 샘플링에서 퓨전 의상이 성립되었다. 즉 이국적 우아함이 있으면서도 내구성이 강한 스포츠 의상이다.

상점가에는 진에 레이스를 단 윗옷이 잘 어울리는 마네킹이 전시된다. 유행을 좇는 사람에게는 뜨개질한 재킷, 자전거 타는 사람에게는 걷어 올릴 수 있는 젤루지 바지Jalousie-Hose, 펄럭거리는 판탈롱에는 망사로 된 와이셔츠 따위가 잘 어울린다. '필수품'을 집어넣을 수 있는 주머니가 여러 개 있어야 하는 모험가의 바지는 젊은 남자들이 일반적으로 착용하는 달라붙는 속옷과 조화를 이루어야 한다. 그리고 그들은 장거리 여행에서도 절대로 추위에 떨지 않으려 할 것이다. 셔츠와 바지로 된 표현이 필요 없는 기본 장비인 '베이직'이 이러한 '샘플링'에 속한다. 그리고 모든 세계의 의상에도 불구하고 이국적인 분위기로 매혹시키는 개그가 자주 필요하다. 훤히 드러낸 배꼽은 인도 문화를, 바지 밖으로 보이는 비키니는 아프리카에서 보내는 휴가를 떠올린다.

이러한 장비 중에 허리띠가 없는 것은 없다. 남자 아이들의 허리와 소녀의 히프는 서로 연결되지 않는 상의와 하의가 만나는 부분이라고 할 수 있다. 산더미처럼 쌓인 물건에서 실로 선택된 개개 품목들 속에는 샘플링된 의상이 있다. 개인적인 점수는 이러한 혼합에서 강조되어야 하고 머리와 발의 모양에 의해 이루어진다. 머리를 자를 때 남자 아이들은—그들이 남자인 것이 일생 동안의 사실로 평가되었기 때문에—여자보다 더욱 용감하다. 즉 짧게 깎은 머리, 삭발, 섬뜩하게 염색한 머리, 북미 인디언 헤어스타일을 본뜬 다양한 변형, 축축한 젤을 발라 흉내 낸 것을 뛰어넘어 사선으로 머리 모양을 낸다. 신발에서는 스니커스, 간편화, 케즈 단화, 조깅 신발, 팀버랜드, 닥터 마틴, 철로 된 덮개가 있는 검은 장화, 캠퍼스 신발 혹은 우아한 도시형 장화가 상표에서 개인을 만들어 낸다. 그 어떤 사람도 견본이 되기를 원치 않고 모든 사람은 하나의 모델을 따른다. 소녀는 자신을 형성하는 데 모방하고 싶었던 스타일에 대해 묻는다. 그리고 스스로를 '아가씨'로, '히피'로, 개중에는 '래퍼'로 정하는 것이다. 어린 남자 아이들은 스케이터 혹은 테크노 열광자가 되려고 한다. 젊은이에게는 따르고 싶은 모델이 있다. 그러나 그들은 개별적으로 눈에 띄는 세부적인 것을 원했다. 조합은 그들 고유의, 소위 완전히 새로운 창조물인 것이다.

사람들은 이러한 혼합된 패션을 착용한 젊은이들이 주말에 길에 오가는 것을 심심찮게 볼 수 있다. 젊은이들이 보여 주는 자부심은 여름날 해질녘이면 늘상 반복되는 똑같은 자신의 그림자를 보고 남다른 분위기를 느낄 수 없었던 성인들을 놀라게 한다. 그들에게는 한평생 아름다운 의상이 패션의 정수였지만, 개성은 유행에서 벗어난 창작물을 시도하려는 용기에서 비롯된다. 젊은이의 거드름을 이해하려는 마음은 변화된 패션의 개념으로 좌절하고 만다. 성인은 사진, 즉 현상에서 출발한다. 그러나 오늘날의 젊은이는 생산하거나 혼합하면서, 다시 말해 자신의 창작물에서 만족감을 찾는다. 그들은 예술적 자아 형성의 장(場)을 즐기는 것이다.

그러므로 이러한 패션 사업에서 소녀나 소년은 같은 태도를 취한다. 소녀들은 예전에는 평가받기 위해 자신을 보여 주어야 하는 관찰 대상이었다. 소년들은 움츠러들고 시험을 보듯이 뻣뻣한 태도를 취한다. 여성은 눈에 띄게 행동하며 애교를 떤다. 여성과 남성은 마치 배우와 관객의 관계와 같다. 성적인 해방 이후에 그러한 전시는 더 이상 필요하지 않다. 오늘날 두 개의 성은 이러한 방법으로 자신들의 등장을 즐긴다.

창조성은 하나의 태도다. 그리고 남성은 소녀들보다 더욱 똑바로 서 있다. 그렇기에 주말의 거리에는 소녀보다 샘플링된 젊은 남성이 더 많다. 왜냐하면 소년들은 패션을 창조하는 것을 창조적 가능성이면서도 휴일 저녁의 일로 간주하기 때문이다. 그리고 자아 확장은 오토바이 운전과 조깅과 함께 주어지는 것이다.

파리나 밀라노의 패션쇼장에 등장하고 패션 신문에서 지나치게 번쩍이는 패션을 거리에서는 볼 수 없다. 물론 공격적인 미니와 티에리 뮈글러Thierry Mugler*의 수트, 랠프 로렌의 컨트리풍 혹

* 1948~, 프랑스의 패션 디자이너. 1970년대의 미래지향적 디자인 중에서 그의 수트는 진한 색깔에 강하고 각진 어깨와 좁은 허리선을 강조한 디자인으로, 일명 '파워 수트'라고 불리곤 했다.

은 대학생 스타일, 라크루아의 스페인식 이국풍, 장 폴 고티에 Jean Paul Gaultier*의 영화 의상, 샤넬과 디오르의 흘러간 패션 매장도 침묵하지는 않는다. 청소년을 위한 패션이 아닌 보수적인 패션은 더 이상 시내 한가운데 상점을 얻기가 힘들 정도다. 독일 브랜드 윱이나 캘빈 클라인 같은 비싼 패션의 창조자들도 성공을 거두려면 샘플링이 가능하게 해야 한다.

그러나 그러한 시도도 고가 패션의 창조자들에게 그리 큰 도움이 되지는 않는다. 왜냐하면 어머니들은 자녀들의 옷장에서 자신들의 여성적 몸매에 맞는 의상을 발견할 수 있을지도 모른다는 희망을 품고 딸들을 흉내 내기 때문이다. 오늘날에는 청소년들이 옷을 사는 싸구려 가게에서 물건을 구매하는 부자 사모님을 많이 볼 수 있다. 새로운 유행을 정착시키는 사람은 푼돈밖에 없는 어린 소녀들이다.

* 프랑스의 패션 디자이너. 1980년대 프레타포르테 최고의 디자이너였으며 늘 화려한 의상을 선보였다. 피터 그리너웨이 감독의 「요리사, 도둑, 그의 아내 그리고 그녀의 정부」(1989)에서 의상을 담당한 것으로 유명하다.

| 오버사이즈 |

오늘날에도 소녀들은 패션에서 즐거움을 찾는다. 그러나 그녀들은 여전히 항상 헛수고만 하고 있다. 말 그대로 소년들은 놀 때 필요한 낡은 옷과 오토바이 탈 때, 록 음악을 할 때, 스노보드를 탈 때, 그리고 춤출 때 필요한 '멋있는' 디자인을 발견했다. 패션

의류학과와 디자인학과에서 출간되는 저서들은 '섞다'라는 용어로 '스트리트 웨어'라고 불리는 모든 상품의 스타일을 구분하려고 노력한다. 그러나 주류를 신봉하는 사람은 기준으로 삼을 본보기를 별로 찾을 수 없기 때문에 예전의 남성과 여성의 구분법을 따른다.

그들이 이용하는 미학적 교육의 수준은 단어적 의미에서 유치한 단계이기 때문에 표준은 간단하다. 계집애들과 사내아이들은 좁고 넓은 것으로 구분되어, 알무트 카를티셰크Almut Carltischeck와 팅카 슈튀르츠Tinka Stürtz의 논문 「젊음, 패션, 성」에서 "XXS이나 XXL은 상통한다"라고 적합하게 묘사되고 있다. 즉 그들은 여성에게 자신들의 패션에 대해 다음과 같이 질문한다.

"소년들은 소녀와 다른 옷을 입나요?"

단순하지만 매우 정확한 대답은 이것이다.

"소녀들은 몸에 꼭 맞는 옷을 입고, 소년들은 헐렁한 옷을 입는다."

일반적으로 말하자면, 소녀들은 날씬한 몸매를 보여 주려고 하면서 남자 아이들에 대해 판이하게 부정적인 말을 할 것이다.

"남자 아이들은 헐렁한 옷을 입어요. …대부분의 아이들은 언제나 바지를 허리 아래에 걸쳐 입죠."

소년들은 아버지에게 반항하면서 자신만의 콘셉트를 발견한다. 남자 아이들은 화를 내면서도 아버지의 비싼 옷을 인정한다. 그리고 그들도 곧 입게 될 것이다. 그러나 "야심가들이 입는 흰 와이셔츠가 아니라면 입겠어"라고 한다. 오래된 규칙은 유지되는 법이다. 남자 아이들은 아버지에게 맞서면서 자의식을 발전시키고, 여자 아이들은 서서히 자의식을 잃어버리면서 남자 흉내를 낸다.

"섹시한 것은 멋있다."

이러한 슬로건은 현대 사회에서 성으로서 표현되는 전통적인 외양을 중시하는 것을 의미한다. 즉 어린 여자는 매력적이고, 어린 남자에게는 육체가 그리 중요하지 않고, 남성의 성은 냉정·용기·인내 등으로 증명된다. 유니섹스는 동등한 권리로 나타나지만, 구매를 유도하지는 않는 것 같다. 공통되는 기본 의상인 청바지와 셔츠는 남성과 여성의 구분이 지양된다는 인상을 준다. 그러나 그 구분을 강조하면 역설적으로 남성과 여성이 같다는 느낌이 후퇴된다. 동일화가 이루어지고 구분되던 것이 뒤섞인 예가 문신이다.

남녀 구별 없이 신체를 장식하는 것이 권태로운 성인 세대와 구별짓는 하나의 수단이다. 그사이 청바지와 청재킷은 부모 세대도 입게 되었는데, 다른 점이 있다면 부모 세대는 절대로 문신을 하지 않는 것이다.

소년과 소녀들의 겉모습에서는 공통점이 보이지만, 내적으로는 구분과 계급의 차이를 절대로 포기하지 않는다. 소녀들은 엉덩이, 발목 바로 위에, 혹은 드물지만 팔 윗부분에 문신을 한다. 젊은 남성은 피트니스 센터에서 트레이닝을 하여 생기는 팔의 알통이나 장딴지와 어깨에 자신이 어떤 부류인지를 나타내는 문신을 새긴다. 여성은 피트니스 센터에서 다리와 엉덩이, 배가 날씬해지고 탄력이 생기도록 운동을 한다. 남성이든 여성이든 근육이나 탄탄함으로 자기들을 분류하는 부위에 확실하게 도장을 찍는 것이다.

| 비비안 웨스트우드 |

빌레펠트대학의 교육학과 교수 디터 바아케Dieter Baacke는 청소년 문화에 대한 연구 논문에서 펑크족 의상을 "성의 구분을 주제로 삼지 않는 혹은 내면의 구분을 출발점으로 삼지 않는 유일한 청소년 문화일 것이다"라는 말로 정의했다. 펑크족은 위트를 표현하기 위해 성을 이용하고 있다. 물론 여기에서 말하는 위트는 남성의 위트다. 펑크 록의 대부인 영국의 '섹스 피스톨스'에 열광하는 여성은 비비안 웨스트우드Vivienne Westwood가 자기들을 위해 1970년대에 디자인한 남성의 성기가 그려진 바지를 입었고, 남성은 여성의 가슴이 그려진 셔츠를 입었다. 성의 크로스 오버는 펑크족의 패션이다. 이러한 유희를 통해 성의 문제를 거칠게 다루는 것은 일종의 남성적 태도라고 할 수 있다. 웨스트우드는 그녀가 남성에게 바라듯이 음탕한 의상을 찾아냈다. 여자들은 마치 실수인 양 찢어진 의상 밖으로 검은 젖꼭지가 그려진 가슴을 드러낸다. 그리고 치마는 엉덩이가 겹쳐진 바로 그곳에서 찢어져 있었다. 그리고 하의는 허리까지 뜯어져 있고 그 위에 상의를 입지 않는다.

초기 펑크족 남자들은 런던의 킹스로드에 있는 'Let it Rock'이라는 간판을 단 말콤 맥라렌Malcolm McLaren의 가게에서 옷을 구입했는데, 그 옷들은 그리 섹시하지는 않았지만 힘과 대담함을 과시했다. 그 옷에는 거친 사람·터프가이·동성애자가 등장했고, 티셔츠에는 벌거벗은 두 카우보이가 발기된 채 마주 보고 있는 모습이 그려져 있다. 이 패션은 섹스 피스톨스의 창시자 맥라렌과 그의 부인 비비안 웨스트우드의 만화 잡지와도 같은 것이다. 사실 이 패션 때문에 그들은 가끔 구속되기도 했다.

디터 바아케에 의해 주장된 성의 평등화는 유행하는 두 요소가 보여 주는 시각적 성과였다. 즉 통이 좁은 진바지, 헤어스타일 등을 두 성이 함께 사용하는 것이다. 록 가수와 펑크족 남성과 여성은 모두 성을 드러내는 몸에 달라붙는 도발적인 바지를 입었다.

후기 청소년 그룹에 와서야 비로소 폭이 넓은 바지가 이목을 끌었다.

록 가수들과 펑크족은 반항하는 개념으로 사랑을 얻는 데는 그다지 성공을 거두지 못한 첫 세대였다. 그들은 무엇보다 성의 터부와 시민적인 신중함을 겨냥하여 거부했기 때문이다. 소년들은 '무한한 성'으로 자유를 만끽하는 승리감이 수그러진 후 헐렁한 바지와 체육복 바지를 입고 자신들의 성을 잊을 수 있었다. 자신의 성을 즐기기 위해 펑크족 여자들은 해방되어야 했다. 여성은 자신들의 해방이 비록 남성에 의해 획득된 은총 중 하나였지만, 바로 그 해방에서 이득을 보았다고 할 수 있다.

말콤 맥라렌과 비비안 웨스트우드에서 정신과 의상은 조화를 이루어 창조적인 한 쌍이 되었다. 웨스트우드의 전기를 쓴 제인 멀바하Jane Mulvagh의 말을 빌리자면, 웨스트우드는 몇 년이 지난 후에야 비로소 자신의 초기 디자인에 파트너 말콤 맥라렌이 미친 영향력을 다음과 같이 고백했다.

"나는 말콤의 아이디어가 필요했어요."

그리고 맥라렌도 이렇게 말했다고 한다.

"결국 그녀는 내게 푹 빠져서 나를 위해 일했죠."

정말로 남성적 거만에서 오는 표현이다. 그는 자신들의 공동 작업을 다음과 같이 요약했다.

"패션 산업은 나의 열정에서 나온 것이지 그녀의 열정으로 얻어진 것이 아니다."

친구들은 맥라렌을 여자를 교묘히 다루는 '미스터 조정기'라고 불렀다.

남성의 손을 잡고 함께 가고자 하는 여성의 이러한 시도들은 항상 성공적이라고 말할 수 있다. 비비안 웨스트우드는 여성 몸매에 대한 존경을 초토화하여 모든 여성이 자신과 함께 유머러스하게 지낼 수 있도록 했다. 그녀는 스캔들을 일으키기 위해 의상에 몇몇 광기를 집어넣은 것으로 만족하지 못했다. 그녀는 자신의 몸을 그로테스크하게 변화시켰고, 머리 꼭대기에서 발뒤꿈치까지 몸의 조화를 흩뜨려 놓았다. 머리는 흘러내려야 했다. 그리고 예를 들어 북미 인디언처럼 머리가 긴 소녀를 알록달록한 고슴도치처럼 만들었고, 어깨의 한쪽은 넓고 강하게 보이고 다른 한쪽은 없는 듯이 만들었다. 몇 세기 동안 앞가슴 노출로 자신을 과시했던 디자인이 이제 자신들의 저항을 그림과 글로 표현하는 캔버스가 되었다. 허리의 경계선이 불분명했고, 치마는 아주 짧기도 하고 때로는 아주 깊게 팠다. 그리고 대부분은 허리선까지 비딱하게 팠다. 또한 깃은 뾰족하게 하고 솔기는 찢었다. 단춧구멍은 없었다. 그녀가 디자인한 25센티미터 높이의 구두*를 신고 엉덩이의 우아한 굴곡을 살리는 일은 불가능할 것이다. 고대 그

* 높은 굽 때문에 '흔들목마'라고 불리는 신발은 웨스트우드의 상징이 되었다.

리스 연극에서 배우들이 높은 나막신을 신고 춤출 때 소리만 요란하고 동작이 뻣뻣하던 것과 마찬가지다. 어떤 남성도 비비안 웨스트우드처럼 모든 장치가 서로 어긋나지 않는 한편, 음탕함을 드러내도록 만들어 내지 못했을 것이다. 남자들의 시선이 꽂히는 모든 곳이 찢어져 있었다. 쓰다듬을 수 있는 머릿결은 더 이상 존재하지 않는다. 사랑하는 연인의 깊은 영혼의 시선이 꽂히는 곳은 재로 검게 물들어 있었다. 아름다운 가슴은 음탕한 남자에게 불손하게 생글거리고 조롱하며 마주 보고 있었다. 비록 치마가 벗겨지지 않아도 허리띠에는 뾰족한 못이 박혀 있었다. 보통 연인이 잡는 허리 부분을 보호했다. 남성이 밑에서 손으로 더듬을 수 있는 그곳은 어김없이 찢어져 있었다. 그가 기꺼이 사랑했을지 모르는 그곳은 얼룩덜룩하고 낡아 있어, 거세게 동요하는 모든 가슴에 조롱으로 화답하는 것이다. 사람들은 자기들에게 다가서는 록 가수나 펑크족을 이해하기 위해서는 전문가가 되어야 했다.

이것이 크리스티앙 디오르 스타일의 튤립 의상을 입거나 비비안 웨스트우드의 찢어진 누더기 패션으로 등장한 여성이 보여 주는 차이점이다. 웨스트우드는 어떤 경우에는 모든 면에서 다정함을 인용하기도 하고, 또 다른 경우에는 수백 년 동안의 사랑의 사탕발림을 패러디하기도 한다.

| 티셔츠 |

비비안 웨스트우드는 두 번째 디자인 단계에서 자신의 패션 개념과 어긋나는 일을 벌였다. 그녀의 두 번째 스타일은 히피의 소박함에 대항해서 만들었던 바로 그 펑크 패션을 해체한 것이다. 펑크와 록 가수의 첫 세대는 가죽 재킷과 장화를 신었다. 개목걸이와 뾰족한 목걸이, 탄띠와 목도리, 죽은 자의 머리와 십자가 모양으로 얽힌 쇠갈퀴를 셔츠와 재킷의 소매 부분에 그려 넣고 장식했다. 그리고 「신이시여, 여왕을 지켜 주소서」라는 노래를 불렀다. 장식들에 등장하는 죽음의 사자가 보여 주던 잔재가 오늘날 대도시에서 쉽게 볼 수 있는 청바지와 티셔츠가 지니고 있는 단조로움에 생기를 주고 있었다.

1960년대와 1970년대 젊은이의 문화는 어른들에게 맞서는 문화이고, 학교에 반항하는 하위 문화와 제도에 대한 하위 계층의 저항이다. 여성은 프랑스혁명의 국기를 들고 달려가는 여신의 모습으로 이러한 이데올로기적 대립에 동참했다. 남성은 이념을 가지고 있었고, 여성은 그것을 보여 주었다. 소녀들은 오늘날까지 청소년의 공적이고 미학적인 작업을 지배하고 있다. 남성은 앞장서는 사람 없이 헤쳐 나가지 못했을 것이다. 저항을 아름답게 채색하는 여성은 이러한 그룹의 추종자들로서, 20세기 이후 패션의 변화에 등장하는 여성 해방의 모든 문제점을 구체화했다. 물론 패션의 변화에 나타나는 경향에 남성도 결부되었다. 남성에게 저항하는 사람은 한 명이지만, 여성에게는 두 명의 적대자가 등장한다. 전후 젊은 남성은 부모와 제도를 공격했다. 소녀들은 함께 돌진하는 동시에 동성 친구들의 그룹에서 뛰쳐나와야 했다. 여성은 항상 권위에 그리고 유혹자에 저항해야 했다. 공격은 여성의 자의식을 강화시켰지만, 두 번째 유혹자는 여성을 파괴했다고 할 수 있다. 여성의 해방 운동은 늘 독립성에 대한 끝없는 전투였다.

소녀를 위한 패션의 성립 과정은 공격성과 연민 사이에서 동요했다고 할 수 있다. 1979년 고슴도치 같은 헤어스타일, 청록색 티셔츠, 가죽옷, 금속으로 장식한 옷감, 장화를 신은 딸들의 패션이 어머니들에게 가장 큰 쇼크로 기억될 것이다. 거리에서 보이는 도깨비 같은 패션을 구사한 어린 여자들은 자기를 보호하며 에워싸고 있는 무리에 속해 있다. 펑크족 여성은 한 번도 혼자서 술집이나 음식점에 들어가지 않았다. 남성 없이는 동질성을 지킬 수 없었다. 이러한 행위는 남성의 승리를 미화하는 데 기여했다. 이 '성처녀'들은 '점잖게' 옷을 입은 사람들이 있는 거리에서 혼자서는 빛을 발하지 못했다. 그들은 여전히 도발의 찌꺼기, 장화, 뾰족한 팔찌, 머리를 묶은 붉은 실타래들에 의존했다. 그들의 저항을 의미하는 유물이 해방의 개념으로 확대되었다. 예전에 시민 계급

의 축제 의상에서 반쯤 드러낸 가슴처럼 단정함에서 비롯된 약간
은 지적인 거만함이 눈에 띄고 자부심에 힘을 부여하는 것이다.

이렇게 어려운 상황 속에서 여성의 일상 패션이 성립되었다.
이러한 스타일은 반항적이면서도 조심스러웠다. 그래서 소심함
이 공존하고 있었다. 예전에 티셔츠는 남성 품목이었으나, 오늘
날에는 여성 의상의 필수 품목인 탱크톱으로 이러한 소심증을 증
명한다. 40년 전에는 여성이 아무것도 말하지 않는 러닝셔츠를
입고 거리를 나선다는 것은 부끄러운 일이었으나, 청년 운동의
한 상징으로서 시작할 즈음에는 저항하는 언어를 담고 있었다.
남성의 거만함을 보여 주면서 반항적으로 보이게 하는 반쯤 찢어
진 것이 달린 셔츠와 속옷은 다음과 같은 사실을 말한다.

"나는 쓰레기야. 그러나 너희들도 오물이야."

그리고 이런 말도 한다.

"경찰처럼 나 스스로를 두들겨 패야 할 거야. 군대에나 가버려!
우리는 내일 죽을 몸이야."

죽은 자의 머리, 음경, 원자 폭탄이 만든 버섯구름, '위대한 죽
음'을 시작한 사람, '인종차별주의에 대한 록 음악'을 써넣은 피
켓 등이 그들이 외치는 고함의 절박함을 강조했다. 히피들은 티셔
츠 위에 미소와 승리의 표시를 그려 넣었고, 좌파의 레드 스킨족
들은 그 위에 'S. H. A. R. P'라고 적어 놓았다. 그리고 "69년의 영

혼을 기억하라"라고 위협하는가 하면 전투용 재킷과 부두 노동자들의 신발을 신었다.

1960년대 이후 셔츠는 감정을 배제하기 시작했다. 왜냐하면 패션은 고해자의 용기를 필요로 했기 때문이다. 정치적 슬로건은 광고의 슬로건이 되었다. 믿음을 가진 자들은 상업의 사냥감이 되었다. 젊은이의 세계관을 담은 회사가 그 상표에 서명도 하기 전에 상표가 스스로 앞장서자, 상품으로 세계관을 인식시킬 수 있게 되었다.

우익의 스킨헤드족은 자신들이 주장하는 민족사회주의 경향을 보여 주기 위해 자기들이 입던 복싱 셔츠 회사인 론스데일 Lonsdale의 이름을 이용하기도 했다. 그들은 자신의 셔츠 위에 회사 로고 LO(NSDA)LE이라고 썼는데, 정치적 개념을 가진 회사 로고를 상표로 붙일 때, 증권의 주가는 청소년의 분노로 떨어진다. 스킨헤드의 셔츠에는 무기와 상표의 기호가 함께하고 있다. 스킨헤드족과 함께 청소년 패션에서 상표 숭배가 시작되었다. 그후부터 노동자 계급에서 첫 번째 테니스 선수가 된 프레드 페리가 리바이스 501과 리바이스의 스타ㆍ프리스트ㆍ진을 입었고, 월계수 잎이 그려져 있는 폴로 셔츠는 남자 아이들을 위한 상품이 되었다. 젊은 고객은 왕이 아니라 고해성사를 하는 자였고, 요구가 아닌 판촉을 하는 사람이었다. 즉 광고를 전달하는 사람이었다.

젊은이들은 상표나 로고가 박힌 상표로 상황을 파악하고자 한다. 패션은 대단한 속도감으로 서로를 뒤따라가기 때문에 유행을 좇는 초보자를 위한 스타일을 파악하기 어려울 정도다. 패션은 개인의 판단을 넘어설 뿐만 아니라 패션과의 유희는 미학적인 경험을 해보지 못한 나이에 시작된다. 한 마디의 말, 하나의 표식은 미의 규칙을 대변한다.

젊은이들은 상표가 붙은 상품을 뒤좇는다. 드물게는 소녀들도 뒤좇는다. 젊은 남성이 하나의 신조를 중심으로 셔츠 위에 자신을 표현하는 것이다. 젊은 남성은 스트리트 웨어를 결정한다. 소녀들이 입는 셔츠는 지적인 의미를 지니고 있지 않다. 젊은이들 사이에서조차 신념을 써넣은 셔츠는 예나 다름없이 좀체로 입지 않았다. 페미니즘운동을 통해 늦게야 자극을 받아 '소녀의 규칙'을 의미하는 텍스트, 즉 페미니즘 구호가 여성의 의상에 등장했다. 그후 이른바 대학 또는 연맹 같은 것부터 유머에 이르기까지 나타낼 수 있는 모든 것이 티셔츠 위에 모습을 보였다. 비록 가슴에 "사진을 찍자"라는 말이라고 하여도 글자는 꽃과 같은 의미를 지니게 되었다.

오늘날 여성의 티셔츠에는 글자가 적혀 있기도 하지만, 꽃무늬나 장식들을 선호한다. 티셔츠 위의 신념은 처음부터 거부되었기 때문에 그녀들은 티셔츠를 도발의 깃발로 만들었다.

비비안 웨스트우드는 여성이 가장 속에 입을 옷을 맨 위에 입게 했다. 마돈나 때문에 유명해진 그녀는 셔츠 위에 브래지어를 착용하게 한다. 결론적으로 '브래지어'는 완전히 포기되었으며, 소녀들은 거의 벗고 거리로 나오게 된 것이다.

1970년대에는 스커트가 가장 최신 스타일이었는데, 여성은 놀라서 재빨리 바지 속으로 숨어들어 가 다리를 청바지 속에 감추었다. 티셔츠는 분노로 반항하던 남성의 셔츠에서 출발했지만, 이제 노출에 자리를 양보하고 그사이 심지어는 순결한 향상을 띠면서 더욱 실질적이 되었다. 왜냐하면 속옷을 입지 않으면 재빨리 옷을 바꿔 입을 수 있기 때문이다. 야생마 같은 여성이 해방된 여성이 되었고, 해방된 여성은 유능한 직장 동료가 되었다.

| 스포츠 웨어와 스트리트 웨어 |

엄마들은 부끄러워하지만, 우아한 부인들은 용감하게 추종하는 현대의 패션 트렌드는 운동에서 시작되었다. 기본 장비, 바지와 셔츠는 놀이와 스포츠의 규칙 요구 조건과 위험도에 따라 변형되고 있다. 스노보드와 스케이트보드, 오토바이, 레이브Rave 댄스,* 록 음악에 맞추어 추는 춤과 브레이크 댄스, 쿵후는 그 자체의 의상을 필요로 한다. 그리고 이러한 놀이를 위해 자신만의

* 빠르고 현란한 음악에 맞추어 추는 춤.

패션을 가지는 문화가 발전되었다.

놀이가 위험할수록 의상의 실용적인 의도는 더욱 분명해지는데, 그 의도는 원래 놀이나 스포츠에 참여하는 젊은 사람들을 위한 패션 디자인이 일상복의 영역으로 응용·변모된 것이다. 디자인을 통해 사람들을 변모시킨 것이다. 추운 날씨에 맞도록 따뜻하고 몸을 보호하는 장치로서 스노보드 의상에는 양모나 고어텍스가 적합하다. 그리고 이러한 직물은 외출용이다. 그들의 재킷은 록 가수들의 재킷과 마찬가지로 약간 크고 솜을 넣은 것이다. 즉 기공이 있는 폴리에스터 옷감으로 무릎을, 헬멧으로 머리를 보호하고 속을 넣은 부츠로 조여 고정시키는 것이다.

스포츠 웨어는 청년 운동*의 패션이 만들어지면서 새롭게 공급된 것이다. 그러나 그것은 펑크와 록 가수의 저항 패션처럼 여성을 어려움에 처하게 한다. 놀이가 격렬할수록 여성이 체험할 수 있는 영역은 점점 줄어든다. 여성은 남성처럼 색소폰을 불지 못하고 스케이트보드를 타고 공중에서 회전하지 못한다. 그들은 피트니스 센터에서 곡예사들이 하듯이 신체를 단련하지만 힘이 없다. 남성은 스포츠와 패션을 둘 다 가지고 있지만, 여성은 스포츠 패션만을 가지고 있는 것이다.

청소년 패션은 신발에 치중된다. 소년들의 바지는 언제나 같다. 그리고 개성과 스타일은 어떻게 어디에서 달리고, 뛰고, 미끄

* 1920년대 청년도보여행 장려회(Wandervogel)에서 시작한 정신과 문화의 개혁 운동.

러지고, 나이키 · 푸마 · 아디다스를 타고 있는지, 혹은 신발이 투박한지 날렵한지에서 드러난다. 여성은 신발 때문에 난처함에 빠지곤 한다. 그녀들은 미니스커트를 입고 춤을 추거나 들소 위에서도 높은 구두를 신고 포즈를 취해야 한다. 그녀들은 일상생활에서 청바지를 입으면서도 항상 남자에게 도움을 청하게 만드는 굽 높은 구두 때문에 이리저리 비틀거리며 걸어간다.

여성이 오래전부터 자아 표현의 기회를 가지고 있었다고 해도 오늘날 의상에서 불이익을 받은 것이 분명한 여성은 모든 패션의 근본 법칙을 제거하고 있다. 즉 15세기 귀족 사회 혹은 시민 계급에서 패션은 남성이 착용하지 않는 의상이었다. 이제 이 패션은 사제 · 군인 · 스포츠 선수들의 세계가 되었고, 20세기 이후에는 기수 · 폴로 선수 · 자전거 선수 · 스키 선수 · 브레이크 댄서 혹은 스케이트보드 선수 등 모두 자신만의 의상으로 강한 인상을 주어 둔감한 사람조차 그들을 알아볼 정도다.

패션은 유용함을 유도하는 매체다. 그리고 그것이 오늘날까지 온갖 조롱을 받고 있는 이유이기도 하다. 놀이에 빠진 아이를 돌보는 엄마들은 자신의 몸매를 되찾고 새롭고 신성한 모습으로 꾸며야 하는 과제를 가지고 있었다. 그러나 이에 능숙한 사람은 대체물을 찾고 여성의 창조 충동은 판매의 경계를 뛰어넘어 그리 가치 없어 보이는 부수적인 일에도 가치를 부여한다. 오늘날 여성은 장식과 곡선을 피하지만, 이 점에서도 남성 스타일에 대한 의존도를 엿볼 수 있다. 청소년 패션은 해방된 젊은 여성에게도 적용되는데, 소년은 패션을 만들고 소녀는 함께 가는 것이다.

오늘날에는 스트리트 웨어라고 불리는 의상으로 문제를 해결한 것 같아 보인다. 놀이와 스포츠 의상의 후예들은 직장 생활에 도움이 되어야 한다. 그리고 오만한 여성 창조자의 기분에 따라 남성의 결실이 남용되지 않게 되었다. 게다가 스포츠 웨어는 새로운 '유한 계급'인 노인의 의상이 되었고, 성과 나이 등 여러 가지가 전체적으로 뒤섞였다. 청소년의 스포츠 곡예 장비는 모든 사람에게 받아들여진 의상 중 하나가 되었다. 모든 패션을 뒤쫓는 복수復讐의 여신들은 청소년에게서 옷을 빼앗아 아버지들에게 넘겨준다. 용감한 아이들의 자유를 상징하는 솜을 넣은 재킷, 안전모, 관절 보호대를 아버지와 할아버지들은 편안함을 보장해 주는 솜으로 받아들이는 것이다. 태양이 지고 가을 바람이 불어오면 세상은 스펀지와 오리털 속으로 빠져 든다. 도시는 누비솜 속으로 가라앉는다. 자신들의 호전적인 힘을 XXL사이즈의 두꺼운 전투용 재킷으로 감싸는 록 가수들은 시민에게 권리와 큰 사이즈의 패션을 제공한다. 이 패션은 그것이 근육이나 지방이나 솜을 넣어 찢어지지 않는 라텍스 섬유로 더욱 강화한 것이다. 이제까지의 주류가 사라지고 마침내 패션의 작은 시냇물이 급류와 같은 착상과 합류하여 넓은 강바닥에 도달하는 것이다.

소년들이 자주 보는 『도이치』, 『조』, 『헤그마그』, 『주스』, 『박스핀』 등의 잡지들에서 보이는 것은 스트리트 웨어로서 잿빛이고 아무 형식이 없어 보인다. 젊은 얼굴은 이마에 주름이 많은 나이 든 이와는 다르게 옷감이나 솜으로 된 재단법을 설명한다. 청소년 문화를 확립하는 성의 표시는 스포츠 의상에 서툴게 적응한다. 늙은 여자들조차 그사이에 남성처럼 솜을 넣은 의상 속에 자신의 몸매를 숨기게 되었다. 스트리트 웨어는 '패션의 마지막'이라는 인상을 퍼뜨린다. 즉 젊은이든 노인이든 어린아이든 소녀든 모든 이가 세밀함보다는 편안함에, 영리한 눈매보다는 지친 정신에 관심을 갖는 상태를 준비한다. 스트리트 웨어로서 스포츠 웨어가 계속된다. XX-young이 XX-old를 만난 것이다.

02_ 벌거벗은 몸

패션은 시대를 노출로써 파악하며, 신체는 자기만의 역사를 가지고 있다. 의상을 입은 단련된 몸은 의상보다 중요하다. 여자는 말없는 단어를 지니고 있으며 포르노 잡지에서처럼 과장되고 그로테스크한 춤, 팔, 다리, 거북하게 큰 가슴과 엉덩이로 대화한다.

직물로 된 의상은 시대정신을 따르고 있는데, 그렇다면 인식하기도 전에 다시 바뀌어 버리는 의상에는 무엇이 존재하는가? 남성과 여성은 패션에서 무엇을 감추고 있는가? 그들의 놀이를 옷감을 이용해 광적으로 표현하는 형상은 무엇인가? 이것은 벌거벗은 몸인가? 의상을 입고 있는 종족의 본질을 찾을 수 있는가? 신과 동일한 모습을 찾는 것인가? 물론 이 모습은 패션을 통하여 창조주와의 유사성이 오히려 악화되는 것이 아닌가? 이것이 사람들 모두가 서로 덮고 있는 의상을 투시해 보는 시선을 찾는, 아니 찾아야만 하는 감각적 육체인가? 의상을 벗으면 모든 문명 앞에 있는 자연인가, 모든 예술의 벌거벗은 진실인가?

모든 사람, 적어도 시각적 매체 속에 등장하는 스타일화된 이상형은 몸매가 의상을 위해 준비되어야 한다고 생각한다.

"그것은 나에게 맞지 않아."

이 한숨이 신체와 의상, 형상과 조형의 상응 관계를 인식시켜 준다. 그러나 이러한 한숨은 피부색과 옷감의 색, 몸집과 옷감의 재질, 몸의 사이즈와 재단, 다리의 길이와 신발, 운동성 등이 적당히 불일치하다는 것을 알고 있음을 의미한다.

산을 오르는 사람은 탱고를 추는 사람과는 다른 신발을 신는다. 그는 다른 신체를 가지고 있다. 높은 굽이 달린 구두를 신은 관리는 편안한 스파이크화를 신은 시민과는 다른 엉덩이를 가지고 있다. 상인의 부인은 여성 노동자와는 다른 찬란한 보석을 달고 있다. 최후의 심판 시기가 도래하면 의상은 이미 케케묵은 것이 되고 부자들도 신 앞에서는 벌거벗고 서게 되며, 최후의 날 하늘과 지옥을 결정해야 하는 세계의 재판관에게는 시대 · 지위 · 도덕들을 구분하는 일이 그리 어렵지 않을 것이다.

자유로운 신체의 문화는 인간의 본성을 믿는 현대의 종교다. 이러한 문화는 신체의 불변, 옷 속의 진실, 패션 뒤의 본성을 보이기 위해 수영장을 찾아낸다. 자신 그리고 나이와 지위와 자신의 스타일을 아는 이들에게 이 본성의 종교는 믿을 만한 가치가 있다. 사우나를 즐기는 사람이 15세기의 목판화를 보면, 과학적 지식에 의해 제조된 열기구 속에 있는 자신과는 달리 김이 나는

통 속에서 목욕하는 벌거벗은 사람들 가운데 우스꽝스럽게 배가 튀어나온 가난한 남녀 직조공의 모습을 보고 웃음을 금치 못할 것이다. 신체는 자기만의 역사를 가지고 있다. 신체가 어떤 모습으로 그려지는가에 따라 몸매는 변한다. 모든 패션은 하나의 상응하는 신체를 요구하고, 이러한 신체는 모든 패션처럼 변화가 가능하다.

20세기에 신체는 의상에 승리를 거두어 유행에 두각을 나타내려면 신체를 가장 주목해야 한다. 보디빌딩이 의상 디자인보다 중요하다. '그 속에서' 신체의 건강, 스포츠 정신과 역학이 바라고, 편안하며 미학적으로 눈에 띄지 않는 의상을 입는 것이 가능했다.

"몸에 맞지 않는 의상이라도 운동을 하면 옷에 맞게 됩니다."

오트 쿠튀르에 초현실주의를 소개한 초현실주의적 패션 창조자인 엘자 스키아파렐리Elsa Schiaparelli가 1920년대에 한 말이다. 그녀의 말은 20세기에 믿음의 고백이 되었다. 스포츠는 의상 스타일을 결정한다. 의상을 입은 단련된 몸은 의상보다 중요하다.

신체의 문화, 남성적 전투 정신의 지배 형태에 여성이 복종하게 되었다. 남성 몸매의 이상적 모델은 늙은 여자가 지닌 미적 아름다움의 이상과 충돌했다. 그 결과 트레이닝 계획에서 다이어트가 남성보다 여성에게 더욱 큰 역할을 하게 되었다. 마른 몸매와 근육 구조라는 같은 목표를 다른 두 개의 성이 추구하기란 어려운 일이다. 또 다른 두 개의 이상형은 유연성과 힘이고, 두 개의 모순된 전술은 인기를 얻는 전술과 투쟁 정신이다. 그렇지만 여자들은 불가능을 가능케 하는 적응의 예술가들이다.

| 가슴 사이즈: A컵과 C컵 |

성이 다르다는 사실을 강조하는 것이 서구 패션의 특징이다. 그러나 19세기 이후 성의 특징을 과장하는 것은 비방의 의미를 지니게 되었다. 그리스와 로마 시대의 의상은 옷을 입는 사람이 남성이냐 여성이냐를 구분하지 않았다. 그 시대에는 언제 여성이 머리를 풀어헤쳤는지, 언제 베일을 걸쳤는지, 누가 하의를 걸쳤는지 등으로 계급과 나이가 표현되었다. 모든 문화, 그중에서도 특히 서구를 제외한 전통적인 문화에서는 의상으로 성을 확실히 구분했지만, 현대 유럽에서처럼 특이하게 신체를 부분적으로 드러냄으로써 성을 구분하지는 않았다. 그러므로 남성은 패션을 에로틱한 무언극으로 여기는 데 익숙해져 있다. 지나가는 남자의 눈은 이렇게 묻는다.

"이 여자가 내 타입인가, 아닌가?"

자유 결혼 시장이 형성된 이후 정해진 신체 부분을 보여 주는 것이, 이러한 선택을 용이하게 했다. 여성은 암묵적인 결정에 따라 남성의 취향에 맞추고 패션이 구애를 하는 것임을 믿게 되었다. 옷을 입을 때 남성적인 취향에 상응하는 가장 중요한 질문은 다음과 같은 것이다.

"나는 어디를 노출할 것인가, 아니면 노출하면 안 되는 곳은 어디인가?"

수천 년 동안 가슴과 목덜미를 노출하는 것은 여성미의 정수로 간주되었다. 패션의 변화가 남성 의상으로 인해 결정된다고 보는 앤 홀랜더Anne Hollander는 가슴과 목덜미를 노출시키는 것을 여성이 기여한 특별하고 유일한 것으로 보았다. 20세기 전반, 여성 패션은 새로운 에로틱한 신체 영역을 발견하여 남성을 위해 기대 밖의 것을 준비했다. 우선 시선은 우아한 복사뼈에서 다리를 지나 엉덩이까지 미끄러져 간다. 그러고 나서 가슴의 파인 부분으로 올라간다. 19세기 말부터 주의를 끄는 것을 가슴, 다리, 엉덩이, 배 순서로 옮겨 갔다. 그러면서 여성의 이상이 바뀌었다. 풍성하고 활동적이고 아동적인 것이 바로 그것이다.

평화로운 시기에 열리는 뮌헨의 옥토버 페스티벌에서 술집 여종업원들은 손님들에게 가슴, 넓은 치마 아래로 분명히 상상할 수 있는 풍만한 엉덩이와 팽팽한 허벅지로 수확의 성과와 삶의 행복을 보여 주어야 한다. 1920년대 남성의 와이셔츠와 바지를 입었던 짧은 머리의 여성 운전자는 그 반대 양상이었다. 사냥을 하는 그리고 사냥을 당하는 여성은 식사할 시간도 가슴에 투자할 시간도 없었다. 모든 시대에 가슴이 큰 여자와 작은 여자가 있다. 그러나 이 차이는 패션 영역에서도 에로틱한 면에서도 가슴의 의미를 부각시키는 단어가 만들어지기 전에는 그다지 중요한 문제가 아니었다. '고귀한 데코레트*', '아름다운 가슴'이라는 말은 한때 어떤 인물을 표현하고 가슴이 작은 여자를 구석으로 물러나게 했지만, 이제는 사라져 간 미사여구다. 영국의 조지 4세 시기인 1800년대에는 풍만한 가슴은 여성이 추구하는 아름다움의 이상형이 아니었다. '아름답지만 뚱뚱한 마흔 살 난 여자'라고 사람들은 왕의 애첩인 마리아 피츠허버트Maria Fitzherbert를 헐뜯었다. 그러나 패션에 적합한 신체를 만드는 것은 다윈의 진화론이다. 즉 패션에 적합한 사람은 시대에 맞는 사람이고 더욱 잘 팔린다. 시선과 칭찬을 한 몸에 받으면 그것은 즐거움과 힘 그리고 성공을 뜻한다.

오늘날에는 가슴으로 돈을 벌려고 하지 않는다. 연예계의 스타나 34·24·34사이즈의 모델은 직업을 얻기 어려울 것이다. 『플레이보이』는 모델을 '금발, 붉은 머리, 갈색 머리'의 세 그룹으로 나누었다. 통설에 따르면, 금발을 가진 여자들은 가슴이 크기 때문에 요염하다고 한다. 갈색 머리는 고전적인 기준에 알맞

* 목덜미와 가슴을 드러내는 재단법.

은 스타일이다.

포르노 잡지에서 신체 부위를 과장되게 크게 잡는 것은 남성적 취향의 결과물이 아니다. 남성은 오히려 이러한 포르노 잡지에 취향을 적응시킨다. 오히려 신체 부위를 과장하는 것을 옷으로 보상한다. 옷을 입지 않는다는 것은 대화를 할 수 없다는 것이다. 그리스의 석상은 벗은 것이 아니라 대리석을 입은 것이다. 유럽의 나체주의 해변에서 여성이 갈색 피부를 가지고 있다면 그것이 바로 아름다움 그 자체다. 벗은 사진 모델은 농아들처럼 언어를 찾아야 하고 분명해지기 위해 신체 언어로 대화해야 한다.

사실 나체는 별 효력을 지니지 못한다. 뮌헨의 중심가 막시밀리안 거리를 지나가는 밝은 눈매에 두꺼운 옷을 입은 한 젊은 여자가 사우나에서 벌겋게 달아오른 채 벌거벗은 젊은이 다섯 명보다 더욱 관심을 끌 것이다.

어떤 플레이보이도 혼자서 사랑하지 않는다. 여자는 우선 말없는 단어를 지니고 있다. 그리고 옷을 통해 말하지 않더라도 포르노 잡지에서처럼 과장되고 그로테스크한 춤, 팔, 다리, 거북하게 큰 가슴과 엉덩이로 대화한다. 모든 대화는 부자연스럽게 시작된다. 그리고 패션보다 더 부자연스러운 것이 있을까? 외설물은 긴 머리, 뾰족한 손톱, 부푼 입술과 마찬가지로 큰 가슴도 포기할 수 없다. 왜냐하면 옷을 입지 않은 그녀들은 이러한 작은 것들로 말을 하기 때문이다. 그렇지 않으면 그들은 할 말이 거의 없다.

패션의 경향은 1960년대 이후 기존의 경향과는 반대 방향으로 가기 시작했다. 현대의 패션 경향은 대단히 풍요한 것에서 활동적인 것으로, 육체적인 것에서 육체가 강조되지 않는 것으로, 루벤스의 그림에 나오는 풍만한 여성의 몸매에서 섬세한 몸매를 추구하는 경향으로 가고 있다. 가슴이 작은 여성은 더욱 활동적이다. 개구쟁이 같은 옷, 개구쟁이 같은 목과 헤어스타일 등에서 개구쟁이 같은 가슴을 연상할 수 있다.

코코 샤넬은 이러한 소년 타입의 모델을 만들어 낸 최초의 패션 창조자였다. 그리고 보수적인 전후 모델로 자주 인용되는 샤넬의 의상은 작은 가슴을 가진 소년과 같은 여성을 위해 디자인된 것이다.

나치스 시절인 1920년대 남성은 임신한 여성에게 블라우스를 입도록 요구했다. 그들은 거부감이 느껴질 만큼 배가 부른 여성이 장식이라곤 단추밖에 없는 엄숙하게 디자인된 의상을 입은 사진들을 배포했다. 모성 보호와 바우하우스 스타일*로 이루어진 디자인 역시 전후의 남성에게 여성의 이상형이었고, 이 때문에 많은 여성은 의구심에 빠졌다. 에로틱하지만 유용성을 표현하는 가장 중요한 상징에 대한 수백 년 된 믿음도 그리고 신호를 보낼 수 있는 보조 기구인 코르셋과 솜을 사용한 패션의 아방가르드도

* 1920년대 독일에서 생겨난 기능적이고 실용적인 디자인. 예술과 기술의 조화, 기계를 이용한 대규모 생산 등 디자인의 사회성이라는 측면에서 새로운 흐름이 되었다.

많은 여성에게는 아무 도움이 되지 못했다.

1960년대 학생 운동에 참여한 해방된 여성에게는 여성끼리의 동지애라는 문화 현상이 나타났다. 그래서 패션은 여성의 에로틱한 자부심으로 하여금 이미 다리, 엉덩이, 배, 풀어헤친 머리 따위의 다른 어휘를 준비하게 했음을 여성 스스로 느끼도록 했다.

20세기의 활동적이고 단련된 몸매의 여성은 몸을 펴 곧게 서고 척추로 중심을 잡는다. 예전 그림 속 여성의 몸은 부드럽고 육체적이었으며, 대부분 앉아 있거나 누워 있는 자세로 묘사되었다. 척추는 근육으로 유지되어야 한다. 그러나 예전에는 근육이 여성적 외모에 거부감을 일으킨다고 평가되었다. 다리를 보여 주려는 근육질의 여성에게 종아리는 남성과 비교해 신체적으로 대단히 많은 단점을 가진 부위라고 할 수 있다. 스커트는 위로 올라가고 미끈한 다리를 보여 준다. 근육은 여성에게는 발목에 대한 동경으로 시작되는데, 즉 종아리에서 발로 이어지는 부분이 관절로 구분되지 않고 통과된다는 것이다. 그러므로 아름다운 다리의 표상에 만족하던 여성은 또래 여성들보다 한층 남성적이 되는 것이 시대에 적합하다. 이제 마를레네 디트리히Marlene Dietrich*의 멋진 다리에서 젊은 남자의 날렵한 다리로 이상형이 바뀌었다. 청바지가 미니스커트를 대신하여 70~80퍼센트의 젊은 여자는 청바지를 즐겨 입는다. 청바지는 남성적 다리를 강조하는 의상으로서,

* 1901~1992, 독일 출신의 미국 영화배우. 1930년대 그레타 가르보와 쌍벽을 이루었던 여배우. 말년에는 가수로도 활동했는데, 제2차 세계대전 당시 전장에서 그녀가 부른 「릴리 마를렌」이 나오면 적군, 아군 모두 총을 놓고 고향 생각을 했다는 일화가 있다.

이 옷을 입고는 거친 노동을 할 수 있고 힘든 노동에 적합하다. 그런 옷에서는 비남성적이고 여성적이며 부드러운 종아리는 보이지 않고 활동적인 남성상만 보인다.

| 배꼽과 복부 |

20세기에 여성의 신체를 샅샅이 살펴보는 시선은 '섬세한 발'에서 배꼽까지 올라갔다. 남자들에게 이것은 도덕적으로나 시각적으로 시야의 변화였다. 예전에 신과 위의 세계에서 보는 통찰이 허락되던 것이 이제는 아래의 세계, 악마와 자동차 운전자에게 유리하게 이루어진다. 남성은 중심을 보고자 하는 목표에 더욱 가까이 가지만, 결코 도달하지 못할 것이다. 패션은 그 주위를 맴돈다. 모든 불편한 패션은 처음 등장하는 시기에는 하나의 용기로 이해될 수 있다. 그러나 이제는 영리하게도 마지막 뻔뻔함을 시도한다. 왜냐하면 사람들은 자유로운 신체의 문화에서 패션 역사의 마지막을 찾을 수 있을 것이라고 예감하기 때문이다.

음탕의 무대를 허용하는 것이 패션의 법칙이다. 가슴에 의지하지 않는 사람은 치마를 올리고, 바지로 다리를 감추는 사람은 배를 찾아낸다. 매춘부는 에로틱한 부분을 더 많이 동시에 보여준다. 깊게 파이게 재단하고 미니스커트는 다리를, 몸에 딱 달라붙는 옷은 배와 엉덩이와 다리를 더욱더 드러낸다. 그녀들의 몸은 그녀들이 보여 줄 수 있는 모든 수단을 위한 하나의 전시장이다. 반대로 일반 여성은 여러 사인 중 하나를 골라 마치 아무것도 보여 주지 않는 것처럼 보여 준다.

숨겨진 시선은 패션의 일부에 속한다. 모든 시기마다 또 다른 방해물을 제거하는 것이 보인다. 헤겔의 말을 변형해 본다면 다음과 같은 법칙을 적용할 수 있다. 즉 패션은 그 시대를 노출로써 파악한다. 벌거벗은 섬의 역사로부터의 이러한 헤겔 철학이 배꼽을 노출하는 시대의 상황을 설명해 줄 수 있을 것이다.

가슴이 일종의 장식품이던 19세기의 그림에서 흔히 볼 수 있는 어머니 나이 정도 되고 통통하며 앉아 있는 자세의 자부심 넘치는 또 하나의 모습이 바로 귀부인 모습이었다. 부인을 위한 패션은 그녀의 신분에 걸맞게 단정하고 에로틱한 신체 부위를 노출하도록 했는데, 그것은 바로 등을 파는 재단이었다. 귀부인은 곧게 선 걸음걸이와 자세 그리고 해방된 여성의 자아에 대한 구상과 공통점을 갖는다. 그러나 그녀들의 자부심은 귀족적이고 세속의 세계에서는 낯선 것이다. 가슴·배·다리는 일상에 에로틱한 섬광을 가져다주는 반면, 귀부인은 무도회와 극장에서 깊게 파인 등을 보여 준다. 시민이 귀족들의 1층 관람석과 특별석을 정복하고 귀족과 시민이 안락의자에 뒤섞여 있을 때, 사람들은 길고 화려한 저녁 시간 동안 여성의 뒷모습을 볼 수 있게 되었다. 여성은 극장에서 아름다운 등을 보여 주었고, 남성은 휴식 시간에 기사의 훈장으로 장식한 가슴을 보여 주었다.

20세기에는 다시 긴 다리의 여성이 남성을 사냥하고 있다. 그리고 여자는 과제, 의무 그리고 직업을 뒤좇고 있다. 직업 여성은 노출된 다리로 지하철을 타고, 엘리베이터에 올라타고, 높은 책장에서 서류를 꺼내고, 창문을 닦고, 형광등을 갈고, 연설용 탁자와 소방대원의 사다리에 올라갔다. 남성의 눈에는 여성의 벗은 다리가 정말로 색다르게 보였다. 다시 말해 남성으로서는 여성들이 더 높이 올라가는 것을 좋게 생각하도록 권유하게 된 것이다.

오늘날의 패션인 노출된 배꼽은 여성적 존재의 또 다른 가능성을 인식하게 한다. 분주하게 일하는 시민의 딸을 위해 직업과 패션의 유희는 결부될 수 없다는 것이다. 패션은 용돈으로 무장되고 어머니의 도움이 없어도 용돈으로 자신들의 옷을 사는 아이들의 손에 들어갔다. 그런데 여비서는 1920년대의 스타일을 고수한다. 그녀들은 무릎을 내놓지만 — 예전에 한때 도발적이었던 것이 이제는 단지 실용적이 되고 — 사장 앞에서는 배꼽을 노출하지 않았다.

오늘날 패션은 여성 해방의 초기처럼 여성에게 노동을 위한 패션을 제안하지는 않는다. 직업을 가진 여자는 최신 유행, 즉 어린아이 같은 패션에 할 말을 잃는다. 패션은 어린 아이들의 문화 센터를 위한 오락이 되어 버렸다. 이러한 것을 선호하는 사람은 초등학교와 고등학교 졸업생 사이의 어린 아이들이다. 노출되는 신체의 부위가 그들에게 적합한 곳이다. 그러므로 여성의 볼록한 배는 노출되어서는 안 되지만, 빠른 걸음으로 걸어가는 소녀의 탄력적인 신체는 보여 주어도 된다. 배꼽을 노출하는 사람은 성숙하지 않고 지방도 책임도 없고 유희하는 사람이다. 딱 달라붙은 블라우스를 입은 오늘날의 소녀는 조숙하고 매우 영리하며 에로틱한 아침의 상큼한 애교를 떠는 것이다. 사랑은 거리의 군중 속에서 조숙한 욕망을 드러내는 어린아이의 유희가 되었다. 사랑은 직업적으로 진지하게 경쟁하는 사람들의 경계선에 있는 인물들을 바쁘게 한다. 나이 든 여자들은 목 주위를 파고드는 패션과 사랑을 위해 무엇인가 남은 것을 얻을 수 있을지 눈짓을 한다. 그러나 그녀들의 재킷 배꼽 부분에는 절대로 열리지 않는 단추가 있다. 유행을 따르는 기호학은 남성이 현재 롤리타 콤플렉스Lolita Complex*에 걸려 있음을 알지 못한다.

　모든 패션을 살펴보면 사람들은 패션을 편안함을 위한 기회로 인식한다. 그러므로 배꼽도 여름에 바람이 통하는 데에 이용되고 있다. 동시에 몸 중앙에 있는 분화구는 에로틱한 매력을 상실했

* 어린 소녀를 좋아하는 중년 남자의 성도착증. 러시아 출신 미국 작가 나보코프의 「롤리타」에 묘사된, 어린 소녀인 의붓딸 롤리타에 대한 중년 남성의 성적 집착에서 비롯되었다.

다. 배꼽 주위의 움직이는 모든 것, 살, 주름, 지방 그리고 배꼽 속에서 모든 것을 볼 수 있다. 아름다운 몸매에 흠집을 내고 폭넓은 윗옷과 재킷 속에 감추어져 있던 뚱뚱한 뱃살은 이제 미적 손실을 고려하지 않고 드러나게 되었다. 50대 여성은 그녀의 본성인 건강한 충전 능력을 보여 주고자 짧은 티셔츠와 엉덩이에 달라붙는 바지를 시도하기도 한다. 풍요한 배에 불가능이란 없는 것이다.

가장 최신 유행 중 하나는 임산부 패션이다. 아기 인형을 감추거나 돋보이게 하는 놀이는 여성의 역할에 장애가 되던 것을 보여 줌으로써 과거를 되돌아보게 한다. 1960년대 학생 운동 때 자주 등장했던 멜빵바지는 여성의 가장 자유스러운 면을 은폐한다. 오늘날 만삭의 임산부는 몸에 붙는 통바지를 입거나 때로는 좁은 진과 티셔츠를 입는다. 이렇게 해서 두드러진 배꼽과 생산적인 상태의 단계를 넘치는 자부심으로 인식하는 듯하다. 성숙한 여자아이의 오목한 배꼽과 임산부의 불룩한 배꼽은 여성의 가족력을 뜻한다. 즉 어머니의 모성애로 바뀌는 것이다.

| 몸매가 보이지 않는 의상: 남자 |

남성이 얼마나 패션을 경멸하는지는 남성의 은폐 성향에서도 찾아볼 수 있다. 19세기 이후부터 20세기까지 남성은 유니폼을 입으려고 노력했다. 남성은 개인적 특성을 지니면 여성적이라는 평을 듣게 된다고 생각했다. 노출은 생각조차 할 수 없었다. 1970년대에 근육이 보이는 셔츠와 망사 셔츠를 입은 젊은 남자가 거리의 카페에 앉아 있다면 그는 동성애자로 간주되었다. 업무상의 생활에서 몸을 은폐하는 경향이 있다. 젊은 남성은 거리를 배회하거나 춤을 추면서 근육을 드러내고 아양을 떨며, 늙은 남성은 더운 여름 젊은 남성을 흉내 내면서 노출로 여겨지지 않을 정도만 노출하는 것이다.

얼마 전까지 남성에게는 목부터 발끝까지 속살을 보이지 않도록 하여 에로틱한 부분이라고는 없었다. 남을 지배하는 머리에서 순종하지 않는 몸까지의 통과 지점인 목젖은 옷깃, 와이셔츠와 넥타이로 감싸고 있었다. 남성은 항상 목을 매고 있었다. 남성의 의상은 두 기둥 위에 있는 정사각형의 기하학적 형태로, 남자의 바지를 모방한 여성의 바지보다 훨씬 고상하다고 할 수 있다. 여성의 재킷은 짧게 재단되어 항상 뒤가 보이지만, 남성의 재킷은 어떤 경우에도 엉덩이를 덮는다.

여성은 항상 무엇인가를 노출하려고 하고 놀라워하는 남성은 바로 그 부분을 은폐하려고 했다. 여성이 가슴을 노출하면, 남성은 훈장으로 가슴을 무장했다. 여성이 다리를 노출하자, 남성은 통바지와 긴 양말을 신고는 반바지를 포기하고 스티치로 다림질 주름을 표현했다. 그리고 배꼽을 방한복 재킷과 트레이닝복으로 보호했다. 옷을 벗고 몸매를 과시하려는 20세기에는 노출 가능성이 있는 부분을 발견했는데, 그것이 피부다. 여기에서도 남성 패션은 약간 경멸적인 태도를 보인다. 남성 패션은 여성의 몸매 퍼레이드에 누더기 의상으로 답한다. 오늘날의 아름답지 못한 거리는 게으름과는 상관없는 남성 의상의 편안함 때문에 만들어진 것이다. 몸에 딱 맞는 모양이라는 단어는 사라진 단어다. 자유로운 활동성은 이러한 의상에서 비롯된 의학적 합법성이다. 여기에서 바지를 좁게 재단하여 환상이 없어 보이는 현대의 패션을 에로틱하게 빛나도록 노력하고 있는 여성과 차이가 드러난다.

남성은 목에 넥타이를 매는 것 말고는 자신을 의상 속에 구속한 적이 없지만, 여성은 항상 옷감에 구속당하고 있다. 남성의 의복은 남성의 신체를 편안하게 해준다. 그리고 오늘날의 자유로운 복장은 비록 스포츠를 하더라도 신체에 관용을 베푼다. 솔기조차 남성의 몸에 압박을 주어서는 안 된다. 여성은 가슴, 허리, 엉덩이와 다리로 구분되는 반면 남성에게는 이음매가 없다. 최근 20년 동안 일어난 패션 혁명은 이음매를 없애는 것이었다. 남성의 의상은 어느 때보다 유니폼화되어 있지만, 우스꽝스럽게도 그들의 의상은 유니폼과는 정반대로 보인다. 즉 신체, 팔, 목, 척추, 다리의 활동적인 부분의 모형을 뜨지 않고 이러한 부분을 깃털로 보호하는 것이다.

침대는 새로운 시대의 패션을 주도하는 사물이다. 겨울을 위한 누비이불을 외투로 변화시키고, 여름에는 어깨에 가벼운 격자무늬 숄을 걸치게 한다. 관절을 해체하는 것은 20세기에 시작되었다. 스웨터는 어깨와 팔꿈치를 부드럽게 하는 가장 대중적인 의상이다. 래글런 스타일의 재단은 관절 없는 팔다리를 유행으로 상승시킨 것이다. 이제부터 의상은 모든 관절 부위에서 부드럽고 넓게 재단되었다. 파카는 손과 엉덩이 위에서 미끄러져 그것들을 감추었다. 바지는 잠시 동안 몸에 딱 달라붙었다가 자루 모양이 되었고, 주머니는 무릎 관절 부위에 달려 있고 '필수품'으로 가득 차 두껍게 되었다. 오늘날의 스포츠맨은 관절 없는 연체동물이다.

| 성형 수술 |

20세기에 옷감은 정체된 반면, 몸은 더 많이 움직이게 되었다. 캐시미어와 고어텍스, 시폰과 나일론, 영국의 모직과 데님Denim,* 실크과 폴리아미드** 사이의 차이는 무엇인가? 폴 푸아레의 청소년 스타일의 의상과 오늘날 공군들이 입는 전투복은 활동적인 옷

* 면직물의 일종으로 두껍고 튼튼해서 청바지나 작업복, 아동복에 많이 쓰인다.
** 1935년 미국 듀퐁사에서 발명한 대표적인 합성섬유.

감 속에 있는 뻣뻣한 몸에서 뻣뻣한 옷감 속에 있는 활동적인 몸으로 발전하는 양극을 보여 준다. 푸아레는 움직임을 보여 주기 위해 얌전한 여성을 베일, 레이스, 리본, 치마로 감싼다. 공군복을 입는 운동선수는 누구에게도 볼 수 없는 탄력 있는 몸 때문에 자신에게 쏟아지는 감탄을 계산할 것이다. 오늘날의 노출은 특히 남성에게는 패션이 무질서해졌다는 것을 의미한다. 자부심은 옷을 걸치지 않은 몸매에 나타나는 것이 아니라 옷을 입은 몸에서 나타난다. 몸이 만들어지는 것은 20세기의 패션이다. 모든 이는 자신의 재단사가 되는 것이다.

피트니스 센터, 일광욕실, 채식주의 식당, 웰니스 호텔은 몸매를 만드는 곳이다. 이곳들은 칼로리 식단, 칼로리를 측정하는 저울, 건강 상담가, 목욕탕, 비타민 음료, 스포츠 기구를 갖추고 유행에 맞도록 몸매를 만들어 준다. 비록 이러한 패션이 남성에 의해 발견되었지만, 남성도 여성처럼 스스로 몸을 만드는 것에 참여한다.

여자들에게 보디빌딩은 쿠튀르에 의존하지 않고 미의 척도를 스스로 받아들일 수 있는 기회다. 지속적으로 비판, 조롱, 경멸을 받아들이는 패션과는 반대로 이러한 유행은 비난을 받지 않는다. 일반적인 규범의 척도에 따라 개인의 신체가 만들어지지만, 소위 패션은 자연의 명령에 따르는 것이다.

그러나 여성에게는 패션의 명령에서 벗어나는 것이 그리 쉽지 않다. 적어도 남자들은 그렇게 알고 있다. 아름다워지고 계속 그 상태로 머물려면 트레이닝만으로는 부족하다. 예전처럼 남자들의 도움이 필요하다. 성형 수술은 남자들이 여자들의 환상을 보고 즐기는 괴담이다. 남자들은 아름다움과 사디즘, 여성의 허영심과 마조히즘의 결합을 음탕하게 즐긴다. 무엇보다도 그들은 놀랍다는 듯이 낮은 탄성을 지르며 이러한 테마로 대화를 유도한다.

여성은 성형 수술에 관하여 이야기하는 일이 드물다. 남성은 성형 수술이 증가하는 것을 비난하면서 패션의 명령이 완화되었음을 설명한다. 이제 성형 수술은 정말로 피부와 피와 함께하는 전투장을 성립시키면서 패션이 그 어느 때보다 독재적인 힘을 가지고 지배하게 됨을 보여 준다. 페미니스트들은 이러한 시술을 비난하기를 이미 포기했다. 그러나 남성은 그러한 의학적 시술을 생각하면서 반자연적인 기형아를 괴기의 대상으로 간주한다. 남성은 항상 유행을 따르는 여성을 반자연적인 기형아로 간주한다. 성형 수술을 하여 주름을 없앤 미국 여성이 괴기한 수술에서 빠져나온 첫 번째 환상이었다. 실리콘을 넣은 가슴을 가진 모델이 그녀들을 뒤쫓았다. 남성의 머릿속에는 지방 흡입 수술을 한 만인의 여성이 출몰한다. 즉 남성들에게 날씬한 여성은 유령이다. 텔레비전은 의사들의 로비와 결탁하여 남성의 환상을 공급한다.

수많은 여성은 수수한 상태로 있으면서 새로운 경쟁자를 견뎌 내야 하는 고통을 상상하면서 일터로 가기 위해 실질적인 준비를 하려고 서두르는 반면, 남성은 거리에서 보았던 실망들을 보상하려고 한다. 더욱더 많은 사람이, 남성 역시 성형 수술을 하고자 한다. 무엇보다도 성형 수술은 패션 이전의 오래된 공포를 되살리는 기능을 가지고 있다.

03_ 여성의 음란증

감각적으로 자극받은 여성이 욕구를 실현하는 과정은 남성처럼 간단하지 않다. 사회는 예감조차 못하고 여성에게 음란증 환자가 되도록 강요한다. 여성에게 모든 길은 음란의 일부이다. 그녀들은 단지 자신과 다른 여성의 표현을 즐기기 위해 산책할 뿐이다.

여성에게는 수천 년 동안 언제나 '포르노그라피 금지'라는 꼬리표가 달려 있었다. 말할 것도 없이 여성 또한 정말로 남성들과 같은 수준의 문학과 잡지를 만들 수 있었다. 여자들이 음란 잡지를 구매하면서 갖게 된 욕망의 대상은 사회에서 생각하는 것처럼 남성이 아니라 그녀의 여동생일 수 있는 또 다른 여자였다. 모든 음란 잡지는 여자를 잠재적 레즈비언으로 만들고 있다. 그러한 잡지는 여성이 동성애적 경향을 가지고 있음을 전제로 한다. 그러는 동안에 몇몇 잡지가 에로틱한 교육의 결손 부분을 메우려고 노력한다. 그러나 오랫동안 계속된 시각적 금욕의 결과들을 없앨 수는 없다. 여성의 몸매를 보는 여성의 시선은 애매했고, 패션 잡지들은 이 도난당한 관찰을 교육하고 있다.

포르노 잡지의 사진에서 여성이 보여 주는 성의 곡예는, 남성 관찰자들로 하여금 자신들에게 언제나 허락되고 자신의 완벽한 업적과 결부되는 성을 즐기기 위해 빵에 끼워 먹는 음식 정도로 취급하며 즐기게 한다. 그러나 여성에게 그러한 사진들은 배제되어야 할 사랑인 것이다. 일부 여성 학자 그룹을 제외하면 얼마 전까지 여성 사이에 사랑의 관계를 이야기하는 것이 무척 불편했던 것이 사실이다. 사진을 보며 감각적으로 자극받은 여성이 그러한 욕구를 현실에서 실현하는 과정은 남성처럼 그리 간단한 것이 아니다. 시각적으로 문학적으로 대체한 체험은 여성을 불가피하게 내향적으로 만들었다.

사회는 동성 간의 성 문제를 명쾌하게 설명하고 있다. 그러나 사회는 단지 남성의 경우만 생각한다. 동성 간의 결혼을 토론하는 사람들은 항상 남자들의 경우를 이야기한다. 동성 간의 성에 관한 책을 파는 서점에 가면 남성을 만나고 남성을 위한 책을 보게 된다. 그리고 동성 간의 성 문제를 사회 속에서 경험할 수 있는 구역은 여성보다는 남성에게 더욱 많다. 남성 동성애자들은 때때로 진정한 페미니스트로 발전할 수 있다. 남성·여성, 양성에서 동성애 문제에 대한 경향은 똑같지만, 동성애를 하는 여성의 문제는 거의 관심을 받지 못한다. 그래서 여성 중에 많은 사람이 동성에 대한 무의식적이고 비밀스러운 사랑을 지니게 된다.

잡지들은 이 사실을 알고 있다. 여성이 여성을 사랑해서는 안 되기 때문에 그것을 알고 있는 여성의 비밀스러운 소망이 명확하게 설명되면, 사람들이 예감하는 것보다 훨씬 많은 여성이 레즈비언의 꿈을 꾸고 있다는 사실을 알게 된다. 황송하게도 이제 모든 여성이 삶에서 아무 쓸모없는 신경증 환자가 되지 않을 것이다. 그녀들은 레즈비언 성향을 제대로 의식하지 않고 있기 때문에, 외설적인 매력을 죄의식 없이 발산하는 것이다. 상실감을 그러한 대체물로 보상받고 성적인 꿈에서 벗어나와 일상의 삶 속으로 되돌아갈 수 있다.

주위 사람들에게 두 명의 연인보다 지루한 것은 없다. 그렇기 때문에 남성은 자동차, 축구 게임 혹은 초대 손님 리스트보다 단조로운 의상에 대해 여성이 수다 떠는 것을 경멸하는 것이다. 여성이 남성의 세계에서 여성 간의 사랑으로 도피하는 것이 허락되는 시점에서 남성은 여성을 경멸한다.

여자들은 말로써 자신들의 신체 영역을 살펴보고, 남성은 손으로 귀와 귀걸이, 목과 패인 목덜미, 허리와 벨트, 엉덩이와 치마, 다리와 여성 속옷들을 잡는다. 사람들은 식당에서 옆자리에 자리 잡은 여자들의 대화를 엿듣는데, 여성은 대화를 나누면서 하나의 소용돌이 속으로 빨려 들어간다. 그러한 대화는 바닥을 알 수 없이 깊고 끝이 없다. 그리고 나서 여성 파트너들은 긴장을 풀고 마치 로마의 공중 목욕탕에서 나온 것처럼 걸어 나간다.

사랑은 만들어지기보다는 생각 속에서 나오는 것이라고 할 수 있다. 1901년 잡지『짐플리치스무스』에 나오는 토마스 테오도르 하이네Thomas Theodor Heine*의 캐리커처는 논쟁적인 사회적 이해관계를 표현하면서도 음란한 시선을 가진, 서로 겹쳐져 있는 여성을 보여 주고 있다.

* 1867~1948, 독일의 일러스트레이터. 풍자 주간지『짐플리치시무스』의 포스터를 그렸는데, 그래픽의 영역을 넓혔다는 평가를 받는다.

의학적 검사에서 한 젊은 여성 환자가 대학생들 앞에 나서게 되었다. 교수는 한 여대생에게 질문했다.

"자, 환자를 보니 무슨 생각이 드는지 나에게 말해 보게."

"그녀는 실크 속치마를 입었습니다."

사회는 예감조차 못하고 여성으로 하여금 음란증 환자가 되도록 강요한다. 여성은 자신들이 아는 것보다 서로를 더욱 사랑한다. 그리고 무엇보다 아름다운 소품을 입고 있는 그 대상을 사랑하는 것이다. 그리고 그녀들의 사랑이 그렇듯이 몸에 대한 음란증 증세를 가지고 있다.

여성의 음란증이 비밀스럽게 제공되고 원초적인 음부를 불쾌해 하면서 향유되는 한 여성은 그리 음란하지 않다. 여자들이 항상 서로에게 영향력을 미쳐도 되고 사회적으로 받아들여지는 매혹은 부수적인 제3의 성, 즉 트랜스젠더라는 특성의 영역에서 이루어진다. 여성은 몸매와 운동·얼굴에 대해 이야기하고, 가슴과 엉덩이를 서로 관찰하고 그 이상은 생각하지 않는다. 강한 욕망을 품고 에로틱한 사진을 보게 될 것이나, 접근할 수 없을 때도 있다. 그럼에도 여성의 태도는 음란하다. 그렇게 보면 여성에게 모든 가로수길은 음란의 일부분이다(정말이다! 그녀들은 단지 자신과 거리의 다른 여성의 표현을 즐기기 위해 산책할 뿐이기 때문이다). 여기에 흔히 이성 간의 교제에서 기대하는 것처럼 젊은 여성의 옷이 남성의 시선을 유인하는 것이 아니라 다른 여성의 시선 속에서 생각의 대상이 된다는 사실에 젊은 여성은 환멸을 느낄 것이다.

남성은 유독 여성적인 스타일을 거부하고 있다. 왜냐하면 그들은 여성적인 스타일을 시도하면 자신들이 소유한 것이 사라져 버린다고 느끼기 때문이다.

여성은 전문가로서 치장하고 자기 속에 머물러 있다. 이 남자 혹은 저 남자가 피곤할 정도로 내뱉는 찬사는 그다지 거부하지도 않지만 그다지 감탄하지도 않는다. 이러한 감탄은 일반적으로 찬사를 받는 여성의 약점—여성은 에로틱한 분위기 속에 있음을 이미 알고 있다—을 이용한 승리자의 전술 외에 다름이 아니기 때문이다. 그리고 남성은 실제로 승리를 거둔다.

똑같은 양상으로 여성이 자기를 표현하는 의상들은 건드려지지도 않았고 벗겨지지도 않을 것이다. 의상은 잘 알 수도 없고 현실에서는 나타나지 않으며, 상상 속에나 있는 성에 대한 경배의 대상이라고 할 수 있다. 여성에게 문화적 아름다움으로 감싸여 다가갈 수 없는 상황은 여성끼리 유혹하지 않고 존경할 수 있는 기회다. 아름다운 여자는 성적 상징이지 성적 대상이 아니기 때문에 남성은 목표에 도달하기 위해서는 아름다움을 이중적 의미에서 통찰해야 한다. 즉 아름다운 여자는 여자를 경멸하지도 파멸시키지도 않는다. 모든 아름다운 여성은 못생긴 여자가 되어 결혼해야만 한다.

패션 잡지는 종이로 만들어진 것이므로 여성이 자신들과는 다른 성을 보여 줄 수 있는 매체다. 또한 패션 잡지는 알 수 없는 충동과 익히 알고 있는 윤리 사이를 매개하면서 예술품을 완성시켜야 한다. 패션 잡지들은 유행에 따르는 유혹적인 커다란 제목으로 새로운 것들을 알리면서 이런 일들을 한다. 예를 들어 검은색 저녁 의상은 달콤한 저녁의 꿈이라고 보여 주거나 속옷을 드러내는 것이다. 그리고 열정은 쾌감을 주는 한편 고통스럽다고 한다. 의식 하나하나의 묘사를 예의범절 속으로 되돌리고, 남자들이 여성의 무지를 이용해 상표로 부당한 이익을 취하는 것들을 유희의 대상으로 삼는다.

퓌스텐베르크Diane von Fürstenberg[*]의 연한 잿빛 바탕에 장미 그림이 그려진 검은 크레이프드신[**] 속옷과 목걸이, 트라이엄프

[*] 1946~, 벨기에 출신으로 주로 뉴욕에서 활동하는 패션 디자이너. 1970년대에 랩 드레스로 유명해졌고 자기 이름의 브랜드를 가지고 있다.
[**] 실크 종류의 부드러운 직물로 여성용 속옷, 블라우스에 쓰인다.

의 푸른색 점과 푸른색 레이스가 있는 흰 새틴 브래지어, 알렉시스 라벨의 귀걸이 그리고 스와로브스키의 팔찌. 누가 여성의 몸에 대한 그렇게 많은 남자의 관심에서, 그렇게 많은 광고와 경제학에서 레즈비언의 사랑을 생각할 수 있겠는가?

모델이 걸친 옷감과 그녀의 얼굴 대신 모델의 피부와 얼굴을 보여 주는 잡지를 시리즈로 출간하려는 잡지사는 성교육의 진전보다 더 많은 경쟁을 겪게 될 것이다. 패션 잡지의 값이 비쌀수록 음란의 성향은 더욱 확실해진다. 사실 사회적으로나 역사적으로 훌륭한 윤리 의식을 유지하는 것은 언제나 소시민의 몫이었지만, 부유한 부인들이 다른 사람들보다 더 음란한 것은 아니었다. 젊은이를 위한 다양하고 새로운 저가 신문들과 달리 오히려 비싼 패션 신문은 자신들의 사진들이 보다 큰 자유로움을 관철할 수 있기를 희망한다.

청소년 잡지에서 레즈비언의 의식이 싹트고 있다. 팝과 힙합 세대의 음악 잡지에서는 더욱 그러하다. 음악 잡지에서는 음란한 성향을 한층 확실하게 볼 수 있다. 두 여자가 항상 한 남자와의 관계에 들어가 그 남자에게 굴종하는 입장이 된다. 그리고 이러한 잡지에서 성이 개방적이 될수록 남성에게 봉사하는 여성은 더욱 종속적이 된다. 『주스』나 『블랙 스핀』과 같은 진보적 청소년 잡지처럼 남성의 지배적 자존심이 남성의 동성애적 성 정체성을 거리

낌 없이 드러낸 적은 없다.

이 잡지들에 나오는 감성적 남성 피부를 지닌 강한 남성은 전통적 패션 잡지에 나오는 부드러운 가슴을 지닌 날씬한 여성의 몸을 음란한 것으로 보지 않을 것이다. '그녀들의' 잡지에서 모습을 드러내는 여성은 늘 균형을 유지하려 한다. 음란한 윙크 정도만 살짝 시도하고, 에로틱한 사교적 유희의 제스처를 택하는 것이다.

그래서 가슴을 노출시키는 것이 실수로 미끄러져 버린 것처럼 보이게 한다. 그녀들의 조심스러운 동작은 오히려 요가 동작이고, 탐닉은 경건한 체하는 영혼 속으로의 침잠이다. 이 동작들은 육체적 욕구의 표현이기 때문이다. 남성 잡지에 나오는 벌거벗은 젊은 여성의 그로테스크한 떨림은, 마치 농부의 춤이 율동적이며 균형 잡힌 움직임으로 나아가듯이 여성 잡지에 등장하는 모델의 자아도취로 나타난다. 그렇지만 고집스럽지 않은 사람이라면 의상의 세계에 노출이 자리 잡음으로써 음란증이 승리했음을 느낄 것이다.

역사적으로 보면 19세기 말 여성은 자신들의 성생활을 다룬 잡지가 발간되는 것을 남성의 입장에서 보았다. 잡지가 예술 체험의 세계에서 여성의 벗은 몸을 감상하는 것과는 달리 처음으로 독자들의 일상생활에 다가간 당시의 그러한 시도는 소심한 것처럼 보였다. 오늘날 남성이 여성의 음란에 대해 알고 있으면서 여성의 섬세한 포르노그라피를 비웃는 것처럼 사람들은 수줍어하는 관능주의자들의 시선을 비웃는다.

3장 패션을 보다

01_ 캐리커처

패션이 추구하는 혁신과 풍요, 새로움의 추구와 소비열 때문에 캐리커처는 패션이 죽을죄를 저지른 양 비난한다. 그뿐 아니라 캐리커처는 어떤 여성이 의상을 통해 말하는 비밀스런운 의미를 찾아내려고 숨어서 기다린다.

남성은 패션을 만들고는 여성을 비웃는다. 패션을 희화화하지 않는 패션의 창조자는 없다.

종이와 관련된 일을 하는 작가나 삽화가들은 옷감과 관련된 일을 하는 사람을 헐뜯는다. 16~17세기에는 설교가, 18~19세기에는 계몽주의자가, 19세기 초와 20세기에는 기자 같은 지식인이 늘 비판받고 있는 일상의 영역을 약간의 악의는 있지만 즐겁고 만족스러운 공연장으로 만들면서 수공업적 예술을 공격했다.

그 조롱은 그림으로나 말로 표현될 수 있다. 윌리엄 호가스William Hogarth,* 다니엘 호도비에츠키Daniel Chodowiecki, 그랑빌J. J. Grandville,** 토머스 롤런드슨Thomas Rowlandson,*** 조지 크루익섕

* 1697~1764, 영국의 풍자화가. 18세기 당시의 화려한 귀족의 모습보다 빈민가의 비참한 일상을 주로 그렸고 그 때문에 조슈아 레이놀즈와 비견된다. 결혼 풍속을 풍자한 연작 「유행에 따른 결혼」(1743~1745) 등의 작품이 있다.
** 1803~1848, 프랑스의 풍자화가·삽화가. 「걸리버 여행기」에 삽화를 그렸고 후에 우화집 「그랑빌 우화」(1842)를 출판했다.

*** 1756~1827, 영국의 풍자화가. 호가스와 함께 유럽 근대 만화의 창시자로 불린다. 상류 계급의 기만과 위선을 폭로하고 하층 사회의 밝은 유머와 익살을 창출하는 작품을 그렸다.

* 1792~1878, 영국의 풍자화가·삽화가. 찰스 디킨스의 「올리버 트위스트」(1838)에 삽화를 그렸다. 말풍선을 처음 사용한 사람으로 전해진다.

크George Cruikschank,* 토마스 테오도르 하이네, 아브라함 아상타 클라라 혹은 프리드리히 테오도르 피셔들의 조롱일 수 있다. 종이와 옷감 사이의 싸움은 기술의 발전과 함께 더욱 격해지고 있으며, 두 물질은 더욱 쉽게 생산되고 늘 쉽게 사라지고 있다. 그러므로 19세기는 패션의 세기이고 패션을 희화화하는 시기였다. 재단사들은 패션의 환상을 자극하고 화가들은 환상이 과장되는 것에 제동을 걸었다. 여성은 둘 사이에 서서 자신에 대한 존경과 조롱을 견뎌 내야 했다.

캐리커처의 의도는 세월이 흘러가면서 바뀐다. 초기에는 그 목적이 도덕적이었으나, 18세기 이후에는 정치적이었고 19세기에는 미학적이었다. 패션이 추구하는 혁신과 풍요, 새로움의 추구와 소비열 때문에 캐리커처는 패션이 죽을죄를 저지른 양 비난한다. 초기의 성직자들은 모든 여성을 타락한 천사로 만드는 어리석음에 다음과 같이 호통을 쳤다.

그대는 이 광대들의 의상에서 어떤 즐거움을 찾는가,
그것은 모든 이가 조롱하는 광대들의 즐거움이다.
이것은 모든 악덕을 저지를 수 있는 동기만을 부여할 뿐이다.
그대의 불쌍한 영혼은 악마와 짝을 이루고 있다.
오! 본성의 혐오감이여, 그대는 의상 때문에 그대의 구더기 같은 집을 악마의 즐거움의 대상으로 만들려 하는가.
— 아브라함 아 상타 클라라, 「패션의 광대. 백 명의 놀라운 광대
들」(1709)

18세기에 캐리커처는 귀족들의 사치를 비난하던 시민의 편이
되었다. 다니엘 호도비에츠키는 1780년 그가 만든 귀걸이 속에
낡은 패션 세대와 새로운 패션 세대를 대립시켰다. 리히텐베르크
의 『괴팅겐 포켓 연감』에 실린 그의 동판화는 새로운 심리적 관
점에서 출발했는데, 거기에 나온 의상·제스처·예술에 대한 이
해는 통일을 이루고 있다. 그 속에는 귀족 한 쌍과 시민 한 쌍이
있는데 해가 지는 것을 지켜보고 있다. 아주 색다른 모습의 조각
품이다. 즉 한쪽의 태도·몸매·옷감과 금은 장식은 서로 어울
리지 않아 버둥거리는 모습이고, 다른 한쪽의 모습은 모든 것이
깃들여 있는 고귀한 단순함*을 보여 주고 있다. 이 두 계층의 모
습은 자만심과 종교예술, 그리고 지배욕과 진실한 숭고함의 대립
을 보여 준다.

19세기의 캐리커처는 호도비에츠키가 그림 속에 표현했던 사
상의 모델을 좇는다. 19세기의 캐리커처는 — 무엇보다도 부인들
에 대해서 — 귀족의 옷장을 패션이 넘겨받는 것을 배척했다. 그
리고 이것은 대단히 많은 것을 의미한다. 시민은 항상 기꺼이 삶

* 독일 고전주의 미학의
명제인 '고귀한 단순과 고
요한 위대'에서 나온 말.

에 귀족적 직감력을 부여했다. 그러나 여성은 자신들의 옷장에서 귀족적 꿈을 너무 공개하고 말아 조롱을 받게 되면서 미학적 규범을 생각하게 된다. 캐리커처는 여성의 훈련 수단이었다.

프리드리히 테오도르 피셔는 슈투트가르트대학의 미학과 문학 교수로 예술에 대한 저서 그리고 패션에 반대하는 글 속에서 중심 형상들을, 다시 말해 학술적 합법화를 제공하고 있다. 그래픽과 달리 그의 언어는 명료한 비판조여서 그림으로 된 캐리커처보다 부인들을 더욱 위축시켰다.

그녀는 헤어스타일을 산처럼 높이 하여 머리를 호박처럼 크게 만들고 있지.
밀짚으로 된 접시가 앞쪽 깊숙이 자리를 잡고 있어.
그 모습이 마치 뒤에서 한 대 맞아,
덮개를 코까지 덮은 것 같소.
어깨는 넓고 남자 같아, 허리띠는 갈비뼈에 딱 달라붙어
몸의 부드러운 부분을 감싸고
몸을 둥글게 부풀게 하네.
그러나 허리는 걱정스러울 정도로 가늘어져
의상은 때로는 요염하지만, 때로는 긴 옷자락이
소리를 내며 진흙탕이나 떠다니는 먼지를 청소하지.
발은 높고 뾰족한 굽 위에서 비틀거리고 다녀

걸을 때마다 뼈가 어긋날 것 같네.

1867년 여느 도시의 거리보다 커다란 자유가 허용되던 독일 바덴바덴 지역의 여성을 보고 혐오감을 표현한 피셔는 여성이 어떤 외모를 지녀야 하는지 정확하게 알고 있다. 그의 주장에 따르면, 길지만 간편한 의상으로 여성의 우아함을 창조해야 한다는 것이다. 미학적 아름다움은 "주름의 물결 속에 있다. …풍요로운 주름으로 된 의상은 몸 자체를 더욱 커 보이게 하여 스타일리시한 고대 의상 같은 작용을 한다. 그러므로 이 풍요로운 주름은 이상적인 특성을 지니며 다음과 같은 의미를 가지고 있다. 즉 여성이 왜 이상적인 특성을 지니고, 남성에게 조화의 상징이 되고 화려하게 보이는지, 어떻게 정신이 부드럽고 순수한 부분으로 구성되는지 눈앞에 보이는 것"이다. 피셔는 모든 역사를 지닌 고대의 이상형이 19세기에도 있지만, 순결을 요구하는 기독교적 명령에 복종을 요구하면서 고대의 여신과 가톨릭의 천사에서 이상적 혼합형을 얻으려는 것이다.

여성은 이렇게 포장한 채 아름다운 여성으로 남성에게 다가간다. 진실은 이 시기의 중심 개념인 자연의 구현이다. 벗은 몸매는 올바른 외모를 그릴 수 있는 스케치의 장(章)이다.

찰스 프레데릭 워스Charles Frederick Worth가 1869년 한 역사적

회고담에서 버팀살을 넣어 만든 스커트인 버슬을 시민 계급의 여성에게 추천하고 엉덩이를 부끄러움 없이 부풀어 오르게 한 모습이 귀족적이라고 표현한 것에 피셔는 다음과 같이 주장했다.

"그럼에도 자연이 만드는 법칙은 존재한다. 자연이 만드는 것은 너무 멀리 뛰어넘어서는 안 된다. 그리고 학대해서도, 왜곡해서도 안 된다. 버팀살을 넣어 만든 스커트는 허용되는 범위 안에 있는 변형이라고 할 수 없다."

소위 말하는 '자연적인' 고전적 이상에서 모습을 찾아내는 현상과 과거의 귀족 사회에서 자극을 받아들이는 자유로운 실험 사이의 긴장감에서 캐리커처는 탄생한다. 과장된 호화 의상은 시민 사회 이전의 시기에는 권위를 나타내는 데 기여했다. 그리고 사회적 의미를 지니고 있었다. 19세기에 그러한 과장은 개인적 무절제를 뜻하는 것이다. 이제 긴 드레스는 지위의 상징이 아니라 에두아르트 푹스Eduard Fuchs의 『캐리커처로 본 여성 풍속사』에서 읽을 수 있는 것처럼, 거리를 다니면서 벼룩과 연인들에게 피난처를 제공하는 비위생적인 의상이다. 1814~1815년 프랑스의 총재 정부 시기의 '어처구니없는 사람들'과 '훌륭한 사람들'*은 멋쟁이가 아니었고, 유행을 평가하는 사람은 항상 '상퀼로트'**였다. 시민 세력은 그들 고유의 유행을 찾으려 했지만 그다지 도움이 되지 않았다. 그렇기 때문에 그들에 대한 비웃음들이 터져

* '어처구니없는 사람들'과 '훌륭한 사람들'이라는 표현은, 프랑스혁명 후 총재 정부 시절 혁명을 통해 이득을 남긴 신흥 부유층 중에 기이한 옷차림을 한 멋쟁이 남녀를 가리키는 말이다.
** 18세기 프랑스혁명으로 민중(농민, 수공업자, 소상인 등)은 시민의 위치로 사회적 지위가 상승한다. 그들은 격식 차리지 않은 자유로운 복장을 선호했는데, 상류층이 입는 '퀼로트(반바지)를 입지 않은'이라는 뜻으로 불렸다.

나왔다. 19세기는 유행이 어찌할 바를 몰라 하면서도 자유로운 가 하면 또 독재의 시대였다. 패션의 실험과 캐리커처는 즐거움과 비양심적 행태로 서로 속해 있었다. 자의식의 광휘와 색채의 풍요로움이 부여하는 과제가 여성에게 남아 있었다. 그러나 여성에게 광채를 단정하게 그리고 부를 풍요하게 표현하는 것이 불가능했지만, 불가능을 완성해야만 하는 의무가 남겨져 있었다.

| 거리 축제 |

어떻게 해서 패션에 모든 자유가 허용되었고 캐리커처가 더 이상 불가능해졌는가? 오늘날 거리에 돌아다니는 수많은 어리석음이 믿을 수 없을 정도로 많아졌다. 잘록한 허리, 지구본같이 큰 가슴, 풍선 같은 엉덩이, 거미 같은 다리들이 얼마나 많은가! 화려한 깃이 반원형 모자 위에 균형을 잡고 있고, 넓은 모자의 차양이 얼마나 많은 여자의 눈 위에 그늘을 드리우고 있는가! 얼마나 많은 뚜쟁이와 여성참정론자, 튼튼한 하녀와 교양 있는 여자, 악마 그리고 매춘부들이 영국의 피카딜리 거리와 이탈리아의 넓은 길을 거닐고 있는가? 모두 조지 크루익생크가 말한 1820년대의 기괴한 사람들인가? 시민 사회는 귀족들과는 다르게 거리를 무대로 준비하고 풍자화가를 감시인으로 본다. 이러한 작업은 비록 풍자화가가 때때로 커튼 뒤를 혹은 방 안을 들여다볼 수 있다고 주장해도 산책길 없이는 불가능하다. 거리는 시민들이 매일 산책하면서 자신들의 부, 지위, 위선을 보여 줄 수 있는 '축제의 공간'이었다. 가로수길과 산책길, 통행로에서 사람들의 판단에 자신을 맡기고 의상을 명함으로 이용하는 것이다. 19세기 중엽 좁은 도시에 자리 잡은 파리의 가로수길은 패션을 위해 하나의 혁명을 일으켰다. 왜냐하면 가로수길은 중세의 정방형 거리와는 달리 한 사람 한 사람이 멀리까지 볼 수 있게 해주기 때문이다. 거리는 포장되어 우아한 부인과 신사들이 마차에서 내릴 수 있게 했고, 통행로의 천장을 덮어 대낮에도 축제의 공간을 창조해 냈다. 패션쇼와 가로수길은 같은 구도를 가지고 있다. 패션쇼와 가로수길은 유행을 따르는 사람들이 뽐내고, 양옆에는 여자 고객과 자본주의자와 풍자가들인 대중이 앉아 있는 무대인 것이다.

이 장소들은 취향을 공공연히 드러내고 익히는 장소였으며 어느 때보다 민주적이었다. 모든 사람이 그곳을 방문할 수 있고 현대적이었으며, 작업하면서 배우는 것이었기 때문이다. 부자들은 자기들끼리 패션으로 경쟁을 했고, 가난한 사람들은 지켜보면서 배울 수 있었다. 시민 계급의 부인들은 처음으로 집 밖에서 경쟁을 할 수 있었고, 자신의 계층을 벗어나 생각하고, 독립적인 주체가 되어 서로를 관찰할 가능성을 획득했다.

전에는 거의 작업복만 보이던 거리에 유행을 따르는 사람들이 등장할 수 있었던 것은 (부자들은 마차를 떠나지 않기 때문에) 작업 시간과 산책 시간이 구분되는 사람들의 일과표와, 어떤 특정한 거리들을 '축제의 거리'로 표현한 시가 지도에 의해 조절되었기 때문이다. 저녁의 산책 시간은 아름다운 옷을 입은 시민이 하루를 마감하는 시간이었다. 그리고 가로수길은 도시의 우아한 사람들과 낯선 곳에서 온 사람들이, 다른 사람들은 일하는 낮에도 서로를 관찰할 수 있는 곳이었다. 바로 이것이 19세기에 패션이 조롱을 많이 받아야 하는 이유 중 하나였다. 캐리커처는 그중에서 게으른 사람들에 대해 까다로운 자들의 분노를 이용했다.

대도시의 거리에서 환상은 행위라는 예술을 연출한다. 여기에서 접할 수 있는 여러 발상은 사람마다 다른 것을 보여 줄 수 있을 만큼 풍부하다. 익명성은 대담함을 가능하도록 하는데, 폐쇄된 사회에서와는 달리 도발을 야기한다. 캐리커처는 위축된 도덕주의자들과 대담하게 보여 주는 사람들 사이에 쐐기를 박는다. 캐리커처는 패션을 속된 탐닉이라고 평하면서 많은 여성에게 패션에 대해 현재까지 악평을 하고 있다. 많은 여성이 패션 디자이너들과 마찬가지로 이러한 비평에 순종했고 지금도 그렇다.

물론 비평은 패션의 새로운 개념에 의해 성립된다. 의상은 한 개인의 표현이 아니라 내면의 반영으로 이해되었다. 19세기에 걸쳐 표현하고자 하는 것 혹은 숨기고자 하는 것이 표현되었다. 20세기 초 심리학자 존 칼 플뤼겔John Carl Flügel은 내면을 암시하고 은폐하기 위하여, 패션이 비밀스러운 태도를 취하고 거들먹거리는 것에 축복을 주는 일종의 노이로제 현상이라고 묘사했다.

"몇몇 노이로제 증상은 의상 속에서 자신들의 표현을 발견하면서 정말로 거의 같은 경향들 사이에 어떤 타협의 역할을 한다. 이것은 많은 사람이 겪는 것으로 심리적으로 얼굴이 빨개지는 일종의 발작이라고 할 수 있다. 이는 과도한 부끄러움의 증상이고, 다른 한편으로는 심리학적 분석이 증명하는 것처럼 환자들이 자신에게 관심을 유도하기 위한 것이며 무의식적인 과시욕을 만족시켜 주는 자의적 수단인 것이다. 이와 밀접하고 유사한 의미로서 사람들은 실제로 다음과 같이 주장할 수 있다. 의상은 인간의 얼굴이 끝없이 붉어지는 의미와 유사한 것이라고."

눈에 띄는 의상은 한 사람에 대하여 너무 많은 것을 폭로한다. 의상은 여성에게 내면의 삶을 약속하고 내면의 삶과의 연관성을 가져다줄 수 있게 된 후에야 단정함을 요구할 수 있었다. 캐리커처는 어떤 여성이 의상을 통해 말하는 비밀스러운 의미를 찾아내려고 숨어서 기다린다.

여성의 존재에 대해 역사 속에서 찾아볼 수 있는 불만은 심리적 측면 외에도 패션에 대한 부정적 입장을 덧붙여 말하고 있다.

19세기 초 여성 패션은 시민 계급의 도덕적 규범에 따라 비난의 주체였던 귀족 부인의 옷장이 그 일부를 이루었다. 또한 이 시기에 공공장소에 등장하여 의상으로 자기에게 관심을 유도할 수 있는 여성은 고급 매춘부뿐이었다. 아돌프 로스Adolf Loos*는 1898년 여성의 패션에 대한 에세이에서 다음과 같이 말하고 있다.

"최고의 사회적 지위를 소유한 남성이 남성 패션을 이끌어 가지만, 여성의 패션계에서는 감각적인 것을 일깨우기 위하여 매춘이라고도 표현할 수 있는 지고의 섬세한 감각을 발전시켜야 하는 여성이 패션을 이끌어 가고 있다."

캐리커처는 여성을 '거대한 수평선'이라고 명명하고 있다. 그리고 오늘날에도 이러한 인물의 특성을 패션 잡지의 마네킹들이 지니고 있다. 가브리엘 샤넬Gabrielle Chanel은 '공적인 여성'의 의심스러운 출발에 대한 기억을 도발하여 스스로 '코코Coco'**라고 명명했다. 남성은 우아하면서도 타락한 분위기 속에서 자신들과 함께 밤을 지내는 여성을 그렇게 불렀다. 이러한 공간에서 뻔뻔한 사람들이 거리로 나가거나 교태, 애교, 경솔함을 여성에게 전염시켰던 것이다. 캐리커처 속에서는 점잖은 사회의 여성도 고급 매춘부처럼 음탕하게 처신한다. 캐리커처는 정부 · 매춘부 · 팜므 파탈을 귀족 · 화류계와 비도덕적인 예술의 대표자로 조롱하고 있으며, 행실이 바른 여성이 저질스러운 기호와 캐릭터의 심연으로

* 1870~1933, 오스트리아 출신 건축가. 1893년부터 5년간 미국에 머물며 합리주의적 사고를 받아들였다. 빈으로 돌아온 후 유럽 사회 전반에 깔려 있던 장식 중심의 예술 사조, 신고전주의 등 과거로 회귀하는 스타일을 강력하게 비판했다. 저서로 『장식과 범죄』(1908)가 있다.

** 가브리엘 샤넬은 코코테(매춘부)의 코코를 따서 자신 이름에 붙였다.

추락할 것을 경고하고 있다.

| 초현실주의와 교태 |

"패션은 선구자인가, 아니다. 영원한 초현실주의다"라고 발터 벤야민Walter Benjaman*은 확언했다. 항상 위대한 것을 만들어 가는 사람으로 평가되는 벤야민은 희화화된 패션의 극단적인 형상을 간파하고 있었던 것 같다. 그리고 오늘날처럼 패션의 캐리커처를 잊은 시대에도 벤야민의 가설은 맞아떨어진다. 패션쇼장을 관찰하면 패션이 무의미와 그로테스크의 경계선까지 도달했음을 알 수 있다. 패션은 개개의 일부를 과장하거나 고립화시키면서 신체를 경멸하고 있다. 목적 달성에 도움이 되는 운동의 리듬은 지속적으로 방해받고 있다. 의상이 유행을 따르면 따를수록 더욱 장애를 받았다.

마리 앙투아네트를 위해 왕실 디자이너 로즈 베르탕Rose Bertin**이 디자인한 모자 같은 것을 쓰고, 엘리자베스 여왕 시대의 스커트를 입고, 디오르의 타이트한 펜슬 라인 옷을 입고, 비비안 웨스트우드의 높은 구두를 신고 어느 누가 달릴 수 있겠는가? 유행에 따르는 의상은 항상 신체를 왜곡한 것이고, 적합하지 않은 부분을 강조한다. 신체는 장식품, 허리띠, 걸어 올린 부분, 레이스, 주름

* 1892~1940, 독일 출신의 문학평론가이자 철학자. 그는 20세기 초 파리에서 지내며 초기 자본주의의 발전을 광고, 패션 아케이드 등을 통해 연구했다. 저작 『아케이드 프로젝트』(1980)는 사후에 발간되었다.

** 1747~1813, 프랑스의 의상·모자 재단사. 18세기 중반 프랑스에서 유행한 크고 과장된 머리 모양, 드레스, 모자 등은 대부분 베르탕의 디자인에서 유래했다.

잡힌 가장자리로 나뉘고 분리되었다.

의상과 신체로 만들 수 있는 단정한 외모와 에로틱한 의미, 형이상학과 형이하학의 대립은 여성을 악마로 만든다.

"한 여자의 형이상학은 커다란 만족과 동시에 달콤한 확신이라는 환상을 제공한다. 그러나 그것은 하나의 함정이다. 그 속에서 치마가 요동치는 매혹적인 물결 아래에서 여자들의 숨겨진 신체는 반발한다. 근사한 몸매는 거부되고, 그 넓은 바다와 같은 내면에서는 음탕한 냄새가 난다."

이렇게 앤 홀랜더는 자신의 저서 『의상과 에로스』 중 여성의 창조성을 다루는 부분에서 의상으로 나타날 수 있는 두 가지 존재에 대하여 말했다. 빅토리아 여왕과 요부 코라 펄Cora Pearl*의 의상을 디자인했던 찰스 프레데릭 워스 역시 자신의 작품을 이렇게 정리했다.

"여성은 저주 혹은 구원, 즉 신화에 나오는 사이렌이나 성처녀임에 틀림없다. 하얀 모슬린 의상은 흰 장미가 폭포처럼 흘러내리는 듯한 느낌을 주기 때문에 어떤 장신구도 필요 없다. 불같이 붉은 비단 의상은 때로는 뱀을 뜻하는 물결 모양의 채색된 무늬를 지니고 있다."

패션은 해골을 포장한 것이고 죽음을 배척하는 것이다. 이것이 로버트 앨트먼Robert Altman의 영화 「프레타포르테」**가 형상

* 1835~1886, 영국 출신 고급 매춘부. 나폴레옹 황제의 조카와 손자를 애인으로 삼았고, 그녀의 연애 · 옷차림 · 일거수가 화제가 되었다.

** 「프레타포르테」(1994)는 우리나라에서 「패션쇼」라는 제목으로 소개되었다. 호화 캐스팅이었으나 평단의 평은 좋지 못했다.

적으로 보여 주는 테마이기도 하다. 영화의 마지막 장면에서 모델은 그녀들의 무의미한 깃발을 떨구고 마치 굶주린 유령처럼 벌거벗은 채 깡마른 모습으로 무대 위에서 해골같이 바싹 마른 여자를 패러디한다. 직업을 가진 이들의 패션이 이성적인 것 같아 보이는 오늘날에도 죽음은 아노락 재킷*을 입고 있는 여성에게도 패션을 통해 유령처럼 스쳐 지나간다. 이것은 여성이 대중 앞에 등장하기 전인 19세기에 이미 엄습했던 도덕적 놀라움을 형이상학적 위협으로 전환하기 위하여, 모든 육체를 경멸하는 이들이 발터 벤야민이 자신의 모든 격정을 보여 주는 가설을 확증하는 것처럼 보인다.

* 주로 스키나 등산할 때 입는 모자가 달린 방한복 재킷의 총칭. 소재와 변형이 다양한 기능적인 옷이다.

"패션은 여성과 물건 사이, 즉 시체와 욕망 사이에 변증법적 적하장을 열어 놓고 있다. 그의 오랜 야비한 창고지기인 죽음은 그 시대를 치수로 재어 놓고 함축적으로 마네킹을 만들어 프랑스어로 '혁명'이라는 창고 대방출을 단행한다. 왜냐하면 패션은 화려한 시체를 패러디하고, 여성에 의해 죽음이 도발되고, 마음속에 기억된 날카로운 웃음이 부패와 기분 나쁘게 대화하는 것이기 때문이다. 이것이 패션이다."

그러나 패션의 초현실적 성향에 관한 벤야민의 가설은 자신이 살던 시대에 의해 각인된 것이다. 1914년 소니아 들로네는 남편 로베르와 함께 발전시켰던 화가적 콘셉트를 리듬화하여 색채로 표현한 '시뮬타네'*를 패션에 옮겨 놓았다. 그녀는 줄이 쳐진 색채 심포니로 직물을 도안했다. 소피 토베르아르프Sophie Taeuber-arp**는 이와 유사한 기하학적 유희를 실험했다. 그리고 두 사람은 여기에서 신체를 마치 그림이 그려진 의상으로 감싸고 있는 관의 느낌이 들도록 했다. 기하학적 색채의 유희는 신체의 본성을 예감하게 하지 않는다. 초현실적 패션은 1937년 파리세계박람회에서 한 전시회장에 전시되었다. 1년 뒤 예술가들은 '초현실주의의 국제 박람회'에서 초현실주의 패션의 자극에 대해 반응했다. 새로운 디자인의 사진들이 아방가르드적인 잡지들인 『하퍼스 바자』, 『페미나』, 『보그』, 『패션의 정원』에 등장했다.

예술의 원칙들을 패션으로 변형하면서 패션에 대한 첫 번째 분별 없는 성찰이라고 할 수 있는 캐리커처를 대체할 새로운 패션 이론이 도발적으로 등장했다. 상징과 상징으로 표현된 것, 의상과 신체의 불균형은 간과할 수 없었다. 둘 사이의 관계는 한 번도 좁혀진 적이 없었고, 소니아 들로네 이후 예술을 의식하는 패션 속에서 상실되었다. 폴 세잔의 그림에 나오는 노란색은 레몬색같아 보이지 않지만, 사실 그것은 레몬을 뜻한다. 그런데 노란색은 여성의 가슴을 의미하는가? 의상 위에 선호하는 그림들을 그렸던 초현실주의는 오늘날 평범한 것으로 간주된다. 패션에서 상징은 자의적이고, 형태의 변화는 강제성을 띠고 있다. 왜냐하면

* 음악적 리듬을 색채 대비와 동시에 느끼게 하는 20세기 입체주의, 초현실주의 등 아방가르드의 표현 기술. 예술과 패션, 순수와 응용, 음악과 미술의 범주를 넘나드는 개념이며 '동시성'으로 번역되기도 한다.
** 1889~1943. 스위스 출신 예술가. 취리히 다다 그룹에서 활동했고 소니아 들로네와 함께 디자인 실험을 했다. 초현실주의적 실내 디자인을 선보이기도 했다.

의미가 풍부한 모든 것은 서로 연관성이 거의 발견되지 않았고 이미 상실되었기 때문이다. 색과 장식의 임의성은 모든 자연을 강박관념을 가지고 부정하는 경향이 있다.

　프리드리히 테오도르 피셔는 비비안 웨스트우드, 가와쿠보 레이川久保玲* 혹은 가가미 게이加賀美敬** 작품의 의미를 도덕적으로는 아니지만 미학적으로 이미 예견하고 있었다. 그 작품들은 '순수 예술'이고 초현실주의다. 무리하게 왜곡시킨 가와쿠보 레이의 포장은 옷을 입는 이의 관심은 그다지 끌지 못하지만, 예술가의 관심은 끈다. 가가미 게이는 여성의 몸을 큰 옷감으로 덮는데, 외투나 예복을 입은 상태의 여성의 신체가 하나의 대상이고 부조리한 움직임을 위한 주춧돌이다. 그는 자전거 위에 여자를 앉혀 놓고 자전거와 여자의 스커트를 천으로 덮어 바퀴 위에 앉아 있는 괴물을 만들어 냈고, 타는 초가 꽂혀 있는 촛대 네 개를 여자의 허리에서 뻗어 나오게 하여 움직이는 촛대를 만들어 냈다. 긴 옷 위에 입혀진 제복, 활짝 펼쳐진 스커트의 추상화를 입고 있는 여성은 엘리자베스 1세 때보다도 움직일 수 없을 것이다. 그러한 예술 작품들은 모든 패션의 변증법을 인용하는 것이다. 즉 두 가지 공통점은 가까이할 수 없는 추상화라는 점이다. 패션쇼 무대 위에 예술은 패션사에 불합리한 점을 환기시킨다. 그리고 이러한 미친 짓은 새로운 기술의 발전과 맞닥뜨려 인류학에 대한 믿음을 가지

* 1942~, 일본 출신 패션 디자이너. 1973년 콤므 데 가르송(Comme des Garçons)을 만들었고 후에 파리에서 활동했다. 디자인, 소재, 기술 모든 면에서 관습, 전통에 도전하는 실험적·전위적 작품 활동을 하고 있다.
** 일본의 패션 디자이너. 건축학 공부를 한 후 패션에 관심을 갖고 영국에서 공부했다. 밀라노 패션쇼에서 보인 자전거 타는 패션으로 유명하다.

면서 유희 욕구로 녹아드는 것이다.

패션계에서는 그사이 저패니즘이 터져 나왔다. 다카다 겐조高田賢三, 야마모토 요지山本耀司, 가와쿠보 레이, 가가미 게이는 새로운 패션 제국의 우두머리다. 초현실주의의 오만이 통상적인 범주를 벗어나 상승한 것이다. 일본 사람들은 유럽 사람들과는 달리 여성의 초현실적 현상을 두려움으로 조롱하지 않고 서정적인 꿈으로 해석했다. 겐조의 의상은 아라키다 모리타케荒木田守武의 다음의 시를 형상화한 것이다.

"떨어진 꽃잎이 다시 나뭇가지로 돌아가나 했더니 그것이 나비였구나."

| 조르주 상드 |

내가 드넓은 벌판 위의 사냥꾼이었다면,
군인이라면,
적어도 남자라면…
— 아네테 폰 드로스테휠스호프Annetti von Droste-Hülshoff*

오늘날의 여성은 불 속으로 뛰어드는 나방처럼 보이지도 않고, 남성이 꾸는 꿈이나 두려움의 대상도 아니다. 오히려 치마를 입

* 1797~1848, 독일의 서정 시인. 그의 희곡 작품에는 여성 작가에 대한 사회적 편견이 잘 드러나 있다.

든 바지를 입든 거의 남성화되었다. 패션의 캐리커처가 그렇게 되도록 유도한 것이다. 19세기의 여성 대부분이 남성의 편견을 수용했는데, 남성의 도발적 표현은 캐리커처로 표현되었었다. 그중에서 단지 소수만이 방어하기 위해 공격했는데, 여성 보헤미안이나 문학 영역에서의 아방가르드파가 그런 소수였다. 그녀들의 창조적 에너지는 패션 영역에서도 멈출 줄 몰랐다. 그리고 그녀들은 극단적인 전술을 빌렸으며 자신을 방어하는 용어들을 찾았다. 이 여성들은 도덕주의자들과 그 시대의 기호를 결정하는 사람들에게 복종하기를 거부했다. 여성운동의 창시자 루이제 오토Luise Otto*는 1851년 『여성 신문』에 실린 「독창성」이라는 사설에서 '교태, 허영심, 자기애'가 모든 여류 작가의 두드러진 특성이라고 했다. 여기에서 예를 든 여류 작가들의 이름은 이다 한한Ida Hahn-Hahn** 백작 부인, 루이제 아스톤Luise Aston,*** 라엘 파른하겐Rahel Varnhagen****과 베티나 브렌타노Bettina Brentano***** 등이다.

19세기에 패션이 짊어지고 가야 했던 테마인 성 차별의 강조가 성을 교체하는 극단의 상황으로 번지면서 그 정점에 도달한다. 여성 패션에서 여성 특유의 제스처와 머플러, 반짝이는 옷감, 선호하는 색, 장식품 등 액세서리를 빌려 온 멋쟁이 남성의 섬세함은 남성 의상을 입은 여자들과 같다. 자기보다 훨씬 온순한 여

* 1819~1895, 독일의 소설가·여성 운동가. 1849년 독일 최초로 『여성 신문』을 발간했다. 1865년 범독일여성연맹을 창설해 활동했다. 소설 「성과 공장」(1846)에서 노동 문제와 젠더 문제를 동시에 다루었다.
** 1805~1880, 독일의 작가. 소설에 동시대 사람들을 등장시킨 것으로 유명하며 초기 작품에서 자기 주장이 강한 여성을 주인공으로 세웠다. '독일의 조르주 상드'로 불렸다.
*** 1814~1871, 독일의 작가. 여성으로서의 인습이나 편견에 구애받지 않고 행동했으며, 당시로선 파격적인 여성의 자서전을 출판했다.
**** 1771~1833, 독일의 작가. 일종의 문학 살롱을 운영하며 지식인과 교류했다. 한나 아렌트가 쓴 평전 『라엘 파른하겐: 한 유대인의 삶』(1958)이 있다.
***** 1785~1859, 독일 낭만주의의 대표 작가. 언니 클레멘스 브렌타노와 함께 독일 민간전승문학을 집대성했고, 『괴테가

3장 패션을 보다

성 독자들을 위해 감성 넘치는 소설을 쓴 조르주 상드는 여성의 침묵에서 패션에 대한 그녀들의 존재 의식을 끄집어냈다. 조르주 상드는 자기에 대해 이야기하면서 모순과 비판을 잠재웠다. 그녀는 보헤미안처럼 연기를 내뿜는 담배와 너절한 머리 매무새로 표현되는 캐리커처로 풍자화하여 자기 자신을 표현했다. 『내 생의 역사』에서 그녀는 외모를 스케치한 그림을 삽입하여 등장을 예고했다.

"나는 더 이상 여성도 남성도 아닙니다."

그녀는 두 가지 역할을 모두 소화했다.

"남성처럼 보여 주의를 끌지 않으려면, 또한 여성처럼 보이지 않는 것에 익숙해야 합니다."

이 "마치 여성도 남성도 아닌 것처럼"은 도발에 속하는 것이고 공적인 판단에 대한 내면의 자유를 과시하는 것이다.

그러나 조르주 상드 같은 타입의 여성에 대한 조소는 그렇게 빨리 사라지지 않았다. 7월혁명* 이후 정치적 테마에 대한 캐리커처는 사라져 갔지만, 그녀는 한층 격렬하게 성에 대해 투쟁했다. 오노레 도미에는 1844년 『여성 학자의 생리학』이라는 저서를 출간하면서 조르주 상드를 모델로 삼았다. 그는 한 세기 동안 이루어진 여성의 지적 성공이 에로틱한 면에서는 실패한 것으로 폄하했다. 성적인 면에서 폄하와 경시는 단순히 풍자화가의 픽션

한 아이와 주고받은 편지』(1835)는 괴테와의 서간집을 재구성한 것이다.

* 1830년 7월에 일어난 파리의 민중 봉기. 루이 18세의 극단적인 반동 정책에 소부르주아·노동자·학생들이 중심이 되었으며, 이 혁명으로 인해 자유주의적인 입헌 왕정이 들어섰다.

만은 아니다. 기젤라 슐린츠가 조르주 상드에게 1835년 보낸 편지를 『라 프레스』의 편집자이자 생시몽주의자인 아돌프 조르주 게로가 「신사복에 대한 도취와 역할의 교환」이라는 전집에 다음과 같이 번역했다.

"만약 당신이 여성의 의상을 착용한다면, 나는 당신의 면전에서 존경을 표시할 것입니다. 여성으로서 명성을 얻기 위해 당신은 충분히 고결한 고통을 겪었기 때문입니다. 남성으로서의 당신은 매혹적이었지만, 약간은 희화적인 느낌을 주었고 카니발에서와 같은 도취경에 빠져 있을 때, 사람들이 기꺼이 그 아름다운 눈에 입맞춤하고 싶은 예쁘장한 메신저 보이처럼 보입니다. 나는 남성으로서의 당신을 결코 진지하게 받아들이지 않습니다."

조르주 상드는 이렇게 대답하면서 교활하게 후퇴했다가 공격을 가하며 강조했다.

"나는 나의 명예심을 남성의 품위에 두고 있지 않습니다. … 그러나 나는 당신네 남성만이 누리는 권리의 전체적이고 완벽한 독립성을 … 요구하는 것입니다. 남성이 나의 검은 눈동자 때문에 나에게 키스하고 싶다면 그것은 절대적으로 아무 소용없는 짓임을 당신 친구들에게 전해 주십시오. 왜냐하면 나는 남성의 옷을 입고 있을 때가 키스하기 훨씬 편하기 때문입니다."

조르주 상드는 항상 자신을 만들어 가려고 노력하면서 동료 시인들을 도와주었다. 그리고 자신의 캐리커처에 대한 모욕적인 욕설로부터 칭송의 소리를 이끌어 내고, 또한 존경심을 만들어 나갈 줄 아는 사람이었다. 1838년 알폰스 픽테는 『샤모니 산책』을 출간했는데, 이 소설에서 주인공은 사교적인 휴양지에 도착하여 조르주 상드의 독특한 모습을 보며 다음과 같이 말하고 있다.

새로이 도착한 사람은 "조르주 상드라는 사람을 아십니까?"라고 물어보았다.

"참, 도시 전체가 소설가 조르주 상드라는 사람 말고 다른 사람은 언급하지 않습니다. 믿을 수가 없군요."

다른 사람이 말했다.

"나는 내 눈으로 그 조르주 상드를 보았소. 그 여자는 기름때에 찌든 윗도리를 입은 농사꾼 같았다오."

"뭐라고요?"

첫 번째 남자가 말했다.

"나는 이탈리아의 극장 관람석에 있는 그 남자 같은 여자를 보았소. 그 남자는 검은 벨벳 코트와 하늘색 넥타이를 하고 있었소."

소령은 이렇게 모순된 이야기를 듣고는 혼란스러워하며 그 자리를 떴다. 그는 어느 살롱에서 진지한 남자에게서 이런 정보를 얻었다.

"사람들의 이야기에 따르면 이 조르주라는 사람은 유럽의 대혁명 의회의 전권대사라는군."

어떤 젊은 우아한 멋쟁이가 말했다.

"그런 수다쟁이 말을 믿지 마시오. 그가 그녀에 대해 당신에게 뭐라고 했소?"

소령은 "그 사람이 여자란 말입니까?"라고 외쳤다. 그 멋쟁이는 웃으며 "예, 그렇소. 조르주는 여자입니다"라고 대답했다.

그 멋쟁이가 여성의 보호색을 간파하고, 남성·여성 패션의 경계선을 넘나드는 한 장면에서 한 명의 수륙양생적 인간을 알아본 것은 우연이 아니다. 이러한 도발 사건이 있은 후 여성복 디자이너들은 소위 여성적 본성과 에로틱한 광채에 부응하는 매혹적인 창조물을 통해 여성을 남성의 영역으로 진입시켜야 하는 소명을 부여받았다.

파리의 오트 쿠튀르는 근본적으로는 보수적이면서도 마지못해 현대 여성이 추구하는 자유의 욕구와 자유의 행위에 부응하고 있다. 『동물원』혹은 『도이치』같은 잡지에서 유행에 따르는 젊은 이들을 보고 경탄하는 사람들은 남성보다 여성에게 화려한 색깔의 옷감, 목걸이, 귀걸이들이 더 잘 어울리는 근거를 댈 수 없을 것이다. 아돌프 로스는 1898년 여성을 옹호하는 관점에서, 여성의 액세서리 장식에 대한 혐오감을 더욱 확대시키고 여성의 패션에 대한 그의 논문 마지막 부분에서는 여성에게 장식적인 것들과 작별하도록 종용했다.

"그리고 우리는 보다 위대한 새로운 시대로 나서야 한다. … 여성은 노동으로 획득할 수 있는 경제적·정신적 독립으로 남자와 동등해져야 한다. … 그리고 나서 벨벳과 비단, 꽃들과 리본, 깃털과 색깔들의 영향력을 거부해야 한다. 그것들은 사라질 것이다. 그리고 그렇게 되어야 한다. 우리의 문화에 그러한 것들을 위한 자리는 없다."

물론 그가 완전히 옳은 것은 아니다. 그동안 젊은 남성이 벨벳·비단·깃털 그리고 색깔에 대한 즐거움을 발견했으며, '여성'들의 잡지에서 시작된 화려함과 경쟁하면서 남성은 여성을 앞지르고 있었다.

| 바우하우스식 여성 |

조르주 상드가 시작한 것에 코코 샤넬이 종지부를 찍었다고 할 수 있다. 그녀는 회고전에서 리포터 마르셀 해드리히에게 이런 말을 했다.

"나는 오래 지속되지 않는 패션에 반대했습니다. 그것이 나의 남성적인 면이죠. 단지 봄이 되었다고 자신의 옷을 벗어던지는 행동을 참지 못하겠더군요. … 더 이상 패션은 없습니다. 사람들은 단지 몇백 명을 위해 패션을 만들죠. 하지만 나는 전 세계를 위해 스타일을 창조했습니다."

그녀는 연인인 에티엔 발상Etienne de Balsan의 옷을 입고 말을 탈 때 편안함을 알게 되었다. 1909년 그녀는 발상의 저택에서 첫 번째 상점인 모자 가게를 열었다. 그녀가 여성의 옷을 만들 때 이용하는 옷감은 남성의 옷장에서 볼 수 있는 것이었다. 가장 유명한 그녀의 개혁은 저지라는 옷감인데, 이 옷감은 예전에는 단지 남성의 속옷에 사용하던 것이었다. 그녀는 1916년 로디어사로부터 저지 재고품을 모두 사들였다고 고백했다. 즉 여성의 패션을 위해 남성의 자투리를 이용한 것이었다. 그녀가 선호하던 플란넬은 예전에는 남성 의상을 위해서만 사용되었다. 단발머리와 깎아 올린 짧은 머리는 해병의 재킷, 스웨터, 남성 의상, 와이셔츠, 바지치마, 파자마에 어울리는 얼굴형을 만들어 준다. 이 의상들은 미래의 모든 패션의 일부가 되었다. 코코 샤넬에게 명성은 당연한 것이다. 그녀가 1950년대에 생각해 낸 그 지루한 황금 단추를 단 의상 때문이 아니다. 1914년 그녀는 단순한, 즉 남성적 라인을 창조하여 여성에게 입힘으로써 위대한 시작을 할 수 있었다.

마침내 남성적으로 채비한 여성은 남성이 원하는 것처럼 그렇게 에로틱하지만은 않다. 샤넬은 일하기 편한 움직임을 펌프스 신발로 표현하고 어깨에 메는 가방으로 매치시켰다. 이것이 그녀가 개발한 여성 패션이었을까? 어쩌면 그것은 남성의 물건, 즉 우편 배달부의 가방이 아니었을까? 그렇지만 이렇게 편안한 소매와 빨리 걸을 수 있는 신발로 가장 필요한 것들을 갖춘 여성이 대도시에서 새로운 삶을 헤쳐 나갈 수 있었을까?

1924년 샤넬은 여성 사이에 동등한 권리와 평등을 가능하게 하는 장신구를 처음으로 선보였다. 화려한 보석 때문에 여성은 돈 잘 버는 남자에게 종속될 수밖에 없었다. 여종업원들은 모조 보석과 도금한 은 장신구 정도는 자신의 돈으로 살 수 있었다. 코코 샤넬의 패션 장신구는 사라져 가는 성의 차이를 명확히 한 데서 그 성과가 더욱 크다고 할 수 있다. 남성이 예전에 자신들이 지닌 용기를 등급으로 매겼듯이, 이제 여성은 장신구를 자신들에게 남은 유혹의 마지막 기술의 징표로 단다. 장신구는 여성 지위의 상징을 뜻하는 것으로 발전했다. 다시 말해 장신구는 단순한 귀걸이의 의미에서, 자유분방한 패션의 혁명가인 여류 시인 엘제 라스커쉴러의 성숙과 투쟁을 뜻하게 되었고, 이브 생로랑의 디자인 스케치까지 초월적인 차원을 뜻하게 되었다. 결국 장신구는 부담을 주는 의미를 지니게 되어 늘 바쁜 여성은 더 이상 장신구를 착용하려 하지 않는다. 질 샌더는 장신구가 없는 것을 우아함의 정점으로 선전하고 있다. 샤넬은 아돌프 로스가 말하는 여성적 경향을 주장했는데, 즉 장식이 없는 것이 여성 해방의 의미가 되었다. 그후 패션에서 볼 수 있는 환상의 유희는 예전에 유행을 따르는 여성이 그랬던 것처럼 종이 위와 패션 무대, 직업을 가지기 전의 청소년, 예술 학교, 기이한 혹은 예술적 직업, 경제적 재생산 과정에서 열외로 간주되는 생을 영위하는 사람들 사이에서 광분한다.

그러나 20세기 초에 여성과 남성, 소년소녀들은 남성적 스포츠 패션에 대한 강박관념을 가지게 되었다. 코코 샤넬은 에른스트 드라이든Ernst Dryden*이 제안했듯이, 이러한 것을 여성 패션에 전이시켰다. 그녀는 스포츠 의상의 속도와 민첩성을 드라이든으로부터 자신의 스케치에 받아들였다. 독일 스포츠 백화점 셰크Scheck와 카르슈타트Karstadt는 빈의 백화점 크니체에서 그 모범을 찾고 있는데, 19세기 말 크니체백화점의 디자이너는 에른스트 드라이든이었다.

* 1887~1938, 빈 출신의 상업 디자이너. 독일에서 포스터 화가로 알려졌으며, 동 세대 최고의 상업 디자이너였다. 1930년대 전반 뉴욕과 할리우드에서 남성복 디자이너로 활동했다.

그는 크니체의 이미지를 발전시켰는데, 그 스타일은 그가 폴로스포츠에서 유도해 낸 것이었다. 샹젤리제에 있는 카우프하우스Kaufhauses 파리 지점 입구에 말을 탄 폴로 선수가 실물 크기의 석고상으로 제작되어 있다. 소유자인 프리츠 볼프Fritz Wolf는 '크니체 전단지'를 통해 그 패션을 퍼뜨렸다. 드라이든이 '내 남자 친구'라고 불렀던 그의 여자 친구 헬로Hello는 빈에서 '남성스러운 여성 패션'을 위해 첫 부티크를 열면서 중성적인 여성의 그림을 걸어 놓았다.

폴로 선수는 귀족이었기에 민주적인 사회의 패션에는 적합하지 않았다. 그러다가 대중적인 스포츠가 새로운 인간 형성에 영향을 미치기 시작했다. 스키, 도보 여행, 자전거 타기, 달리기, 야구 등이 그것이다. 신체에 대해 생긴 새로운 목표가 패션에 의해 생긴 작은 변화보다 중요해졌다. 남성 의상을 입고 조각처럼 흐트러짐 없이 서 있던 남성은 트레이닝복을 입고 움직이는 남성이 되었다. 새로운 패션의 이상은 움직임이었다. 그 이상은 품위, 지위, 계급 따위에는 관심이 없다. 달리는 것은 모든 것을 평등하게 만들었다.

세기 전환기에 에두아르트 푹스는 자신의 저서 『캐리커처로 본 여성 풍속사』에서 이 새로운 의상—이 개량복은 코르셋에서 해방되어 남성 사회에 수용될 것을 준비하던 신참자의 의상이다—에 대해 결론을 내렸다. 이 결론은 패션을 캐리커처화하는 것의 종말을 확인시켜 주었다.

"캐리커처의 공격을 받고 있는 상태에서 최신 형태의 패션 개혁 운동은 그다지 잘 견뎌 내지 못한다. 어찌 되었건 패션의 개혁은 풍자에 괴롭힘을 당하고 있다."

개량복은 패션이 아니라 당파의 상징이기 때문에 그것을 보며 사람들의 웃음은 잦아들었다. 그사이 여성은 정당의 정령을 방어

해야만 했고, 그녀들은 발언하기 시작했다. 조롱하는 즐거움을 누리던 남성은 자기의 주장을 펴는 여성 앞에서 놀라서 위축될 수밖에 없었다.

1960년대 학생 운동의 주변에서, 즉 히피와 펑크들의 그룹에서 여성의 에로틱한 힘에 대한 믿음은 정점에 이르렀지만 또한 그 종점에 도달했다. 풀어헤친 머리와 길고 가느다란 다리 그리고 신비함이 전혀 담기지 않은 짧은 치마를 걸치고 여성은 자유를 향해 다가가고 있었다. 여성은 남성과 동등한 권리를 가진 파트너로서, 남성이 여성을 선택하는 것이 아니라 여성이 남성을 선택하여 그들과 즐기면서 모든 수단을 동원해 패션을 과시하고자 했다. 이제까지 남성의 특권이었던 방탕이 여성에게는 해방의 전술로 이용되었다.

에로틱한 도발은 의상에 관한 한 에로틱하면서도 금욕적인 것을 의미했다.

"스커트를 생략해 버리면, 여성의 의상은 대단히 양성적이고 대담한 창작물이 된다."

1991년 슈투트가르트 패션학교의 여학생이 시험지에 제시했던 의상에 관한 답안이다. 그 예술적 창작물은 좀 더 혹은 좀 약하게 여성적으로 재단되었다. 그리고 여성이 가장 즐겨 착용하던 것을 바꾼 것이리라. 즉 그들 중 대부분은 허리 주름 장식을 없애도록 결정했다. 이러한 결정을 내린 믿음의 고백을 『보그』는 다음과 같이 표현했다.

"사람들은 패션으로 세계관을 보여 줄 수는 없다. 그러나 인격을 보여 줄 수는 있다."

이것은 길이가 달라지는 치마, 소위 '파리의 엉덩이(버슬)'에서가 아니라 일직선으로 재단된 블레이저 코트에서 나타난다. 그리고 궁중과 시민의 댄스 문화의 잔재인 굽이 높아 불편한 구두 때문에 어쩔 수 없이 엉덩이를 강조하며 걷게 되는 걸음걸이에서가 아니라 슬리퍼와 스니커즈를 신고 있는 보다 확실한 걸음걸이에서 나타나는 것이다.

| 해학의 끝, 질 샌더 |

여태껏 개성은 남성이 줄무늬 정장과 가죽 구두창으로 자신을 표현함에서 표출되었는데, 이제 여성도 개성을 지닌 존재가 되고자 했고 외적으로도 그렇게 보이고자 했다. 여성이 남성의 성적 욕구의 대상이 되기를 거부하면서 1970년대 여성 해방 운동은 매혹적으로 메이크업하기를 포기하고 자연적인 섬유를 이용한 보다 느슨한 메이크업으로, 또 미용사의 기술을 무시하는 듯한 남성 헤어스타일로 도발을 시도했다. 여성은 진실하고 자연스럽게, 믿음을 주고 유혹할 수 없도록, 장식을 달지 않고 이념적으로 치유하고자 했다.

막스 베버는 시민 사회의 상승과 경제적 번영을 위해 금욕주의적 이상, 곧 청교도주의의 이상이 책임을 져야 한다고 언급했다. 오늘날 여성은 직업 전선에 들어서면서 청교도주의가 추구하는 이상의 윤리를 넘겨받고 있다. 여성은 금욕주의를 여성적이고 감성이 넘치는 다양한 스타일로 제시하면서 스스로를 전개하고 있다. 1970년대의 패션 영역에서는 이러한 경건주의가 주춤했지만, 이제는 독일 경건주의가 승리의 행렬을 시작했다. 캐나다에서 오스트레일리아까지 독일 여성은 질 샌더, 카렌 플레거Karen Pfleger, 우르줄라 콘첸Ursula Conzen, 우타 라아쉬Uta Raasch, 베아트리체 휨펜달Beatrice Hympendahl이 디자인했고 남성적인 특징을 가지고 있는 스타일에 열광했다. 초기에 가장 과격하게 그리고 가장 큰 성공을 거둔 질 샌더는 시대에 발맞추면서 패션에서 바우하우스 스타일을 좇았다고 할 수 있다.

초기에 그들은 완전히 기능적으로 심플하고 값비싸고 기품 있는 남성 패션을 착용했다. 아르마니는 턴업* 부분을 사냥꾼의 의상처럼 재단했고, 질 샌더의 숭배자들도 그러한 디자인으로 다녔다. 이탈리아의 유명한 남성복 브랜드의 창설자 에르메네질도 제냐Ermenegildo Zegna는 턴업 부분을 길고 기품 있게 표현했으며,

* 바지 밑단을 접어 올린 것으로 주로 남성복에서 이용한다.

그의 숭배자들도 그런 복장을 추구했다. 여성이 선호하는 갈색, 베이지, 회색은 남성 정장에서 자주 쓰이는 색이기도 하다. 여성은 남성보다 이러한 색을 약간 밝게 하여 걸쳤다.

여성의 패션은 남성의 무채색과 지속성, 즉물성 그리고 신뢰성을 모방했다. 그렇게 질 샌더가 추구하는 스타일의 정화주의 이상적 광채이고, 질 샌더는 그것을 자신이 가장 중요시하는 표제어인 질(質)로 유지하려고 했다. 의상은 외적인 감각적 현상이 아니라 내면적 가치로 두드러지는 것이다(물론 돈으로 표현한다 해도 결코 모순되지 않는 가치이다). 여성적인 것을 강조하는 의상을 입은 여자들은 남성에게 청혼하는 것이고, 섬세한 캐시미어로 된 카디건과 풀오버의 앙상블을 선택하는 여성은 하나의 개성을 선택하는 것이다. 첫 번째 경우 남자는 다음과 같이 말할 수 있는데, 오늘날에는 이런 말들이 모욕적으로 받아들여지기도 한다.

"정말 예쁘군요."

그리고 두 번째 경우는 그렇게 간단하게 말할 수는 없겠지만, "대단히 좋은 양모로 된 옷을 입으셨군요!"라고 말한다.

그러면 그러한 냉정함에서 광기 · 악행 · 팜므 파탈이 노리는 교태 부리는 여자의 캐리커처는 어디에서 찾을 수 있으며, 교태 · 사랑의 모험 · 운명적 사랑은 어디에 있는가? 이제 남성은 무미건조해지는 여성 패션을 조롱할 근거를 잃어버렸다. 남성에게서가 아니라면 여성이 어디에서 그런 스타일을 가져올 수 있었 겠는가? 수천 년 동안 여성은 개성, 정신, 돈, 성공으로만 이루어 진 겉모습에서 성적인 것을 전혀 드러내지 않는 남성을 사랑하는 데 지쳐 있었다. 오히려 여성은 일상생활에서 성적인 면을 배제 하면 자기를 상실하는가 묻는 것이다.

의상은 여자들의 가장 중요한 테마 중 하나였다. 그녀들 서로 에 대한 관심은 상징적이고, 여성에 대한 남성의 사랑은 명백하 다. 남성은 진지하게 생각하지 않는 것 같지만, 의상을 통해 여성 의 육체를 본다. 의상이 비단이든 자루든 남성에게는 별반 차이 가 없다. 그들은 새로운 남성용 의상을 입으면서 그다지 많은 것 을 잃지 않는다. 반면에 여성은 친구 사이에도 경쟁하는 눈으로 탐구하고 경탄한다. 자신들의 환상의 유희 영역 속에 갇혀 지내 는 것이다.

02_ 영화와 여성

영화는 남성에게는 환상을, 여성에게는 감성을 불러일으킨다. 여성은 의상이 감정, 상황, 이야기의 본질을 함축적으로 표현할 수 있음을 영화 스타들을 통해 체험했다. 지위를 상징하던 의상은 비로소 정서를 전달하는 매개자이자 정서를 재는 잣대가 된 것이다.

| 패션 사진: 남성의 불안 |

패션 사진 작가들은 풍자화가의 후예로 초현실주의적 패션이 추구하는 환상의 길로 들어선다. 그들은 전문 잡지에서 육체를 부정하는 여성에 대한 존경의 예술을 보여 준다. 패션 무대에서는 곡예사처럼 똑바로 걷는 모델이 번쩍거리는 잡지 사진 속에서는 그로테스크함을 연출한다. 이런 잡지 속 여성에게는 물구나무서기를 제외하고는 모든 자세가 가능하다. 치마·외투·신발 같은 대상들은 더 이상 사진의 테마가 아니며, 문제가 되는 것은 라이프 스타일이다. 낙타와 요정, 재판소의 검사관과 쓰레기 더미, 발동기 덮개 위에 누운 여자, 손에 권총을 들고 잠자는 여자, 반쯤 강간당하는 자세로 입에는 꽃을 물고 있는 여자가 등장한다.

패션은 도시의 거리에서 더 이상 배회하지 않는다. 패션은 화보 사진으로 존재하며, 패션 사진은 초현실주의가 빈사 상태에서 흘리는 신음이다.

20세기의 패션뿐만 아니라 모든 광고 사진에서 보여 주는 이러한 경향은 우리를 대단히 놀라게 한다. 예술적 동기를 가진 사진은 그다지 의상 구매를 유도하지 않는 것 같다. 왜냐하면 기이한 모델은 단지 몇 개의 부티크에서만 볼 수 있기 때문이다.

그러나 실제로 모든 가판대에서 구하기 어려운 국제적인 잡지들이 자주 간행되고 있다. 사진 작가들이 따르는 예술 실습은 대중 패션 잡지에도 영향을 미쳐 모델들을 항상 과장된 자세로 소개한다. 그러나 여기에서도 실제 신체에 대한 예감은 유지된다. 그렇지만 특별호에서 사진 예술은 초현실적인 형상으로 나타난다. 미국의 여류 사진 예술가 신디 셔먼Cindy Sherman은 비비안 웨스트우드처럼 황당한 직물 배열로 자신의 세계를 보여 준다. 가와쿠보 레이의 패션에서 신체를 왜곡하는 것과 배부른 임산부를 가능한 모든 포즈와 상태로 촬영하는 것이 실제에 더욱 상응하는 것이라고 낸 골딘Nan Goldin*은 주장했다.

독일의 사진 작가 유르겐 텔러Juergen Teller는 가슴을 깊게 판 옷을 입은 주름살이 가득한 아흔 살 된 여자를 찍었다. 이는 패션 사업을 번영시키기 위해 노년의 퇴폐적 취향을 부각시킨 것이다.

* 1953~, 미국의 사진가. 보스턴 빈민가에 살면서 게이, 남장 여자, 에이즈 환자, 마약 중독자의 모습을 찍었고 자신의 일상생활을 기록하기 위해 찍은 강박적인 사진이 알려지면서 유명해졌다.

19세기의 무절제는 도덕적 경계선에 도달했고, 20세기의 기이함은 경계선 너머에 자리 잡았다. 패션이 사진술로 인하여 예술의 경지에 이르렀지만, 이 분야에서는(맨 레이Man Ray, 데이비드 해밀턴David Hamilton, 리처드 아베돈Richard Avedon,* 헬무트 뉴턴Helmut Newton**은 사진 작가로 명성을 얻었다) 어떤 도덕적 항목도 적용되지 않는다. 여기에는 귀부인도 신사도 더 이상 존재하지 않고 풍자화가들이 보여 주는 포복절도할 세계만 볼 수 있다.

그럼에도 해방을 위한 사진술의 기여는 간과할 수 없다. 그들은 새로운 여성의 이상을 위해 여성의 사진들을 창조했다. 사진술은 선구자들이 아직도 애용하고 있는 나무로 만들어진 마네킹의 부동 상태를 해체했다. 찰스 프레데릭 워스까지 마네킹으로 자신의 옷을 전시했고 이런 현상이 모든 나라로 확대되었다. 이제 사진에서 남성들이 움직이기 시작하여 여성의 미래를 보여 주는 쇼를 제시한다. 여행 · 스포츠 · 자동차 운전과 같은 자유로운 움직임과 직업에 종사하는 여성은, 공간 안에 홀로 서 있고 동반자 없이 대중 앞에 등장한다. 이는 런칭을 위한 것—오늘날에도 한 여성에게 요구되는 어려운 업적 중 하나다. 간단히 말해 여성은 자신들의 활동 영역을 패션 사진을 통해 경험한다.

1920년대에 코코 샤넬의 사진 작가인 에드워드 스타이켄Edward Steichen 은 한 여성에게 공주풍 야회복을 입혀 회색 말 위에 올려

* 1923~2004. 뉴욕 출신 사진 작가. 1940년대 중반부터 『하퍼스 바자』, 『보그』에서 패션 사진을 찍으며 작가로 성공했다. 1980년대 이후에는 보통 사람들, 유명 인사의 초상 사진을 찍었다.

** 1920~2004, 베를린 출신 사진 작가. 1938년 베를린을 탈출한 후 오스트레일리아, 프랑스, 미국에서 활동했다. 1966년 생로랑의 테일러 컬렉션에서 작업했다. 여성의 나체를 찍은 대표작 「빅 누드」 시리즈가 있다.

놓았다. 이것은 '불안정한' 시대를 의미한다. 하지만 이것은 우아한 사회에서 행할 수 있는 것을 보여 주려고 한 것이다. 어쨌든 그녀들은 마차에서 내려 비록 자동차를 운전하지 않더라도, 적어도 말을 끌게는 될 것이다. 그녀들의 오만함에 대한 벌로써 사진 작가는 신체적·정신적 약점으로 훈계하는 것이다. 그녀들의 손을 잡아 주던 남자들은 다른 사진에서는 비행기 창문으로 그녀들을 허공 속으로 날려 보낸다. 그리고 그녀들을 드높은 탑 위로 인도하고는 낮은 철장 속을 들여다보게 한다. 만용을 부려 고공에 떠 있는 경험을 하여 현기증을 느껴 본 사람은 당연히 보호자의 품속으로 되돌아가려 할 것이다.

* 1900~1968, 상트페테르부르크 출신으로 런던, 파리, 뉴욕 등지에서 활동한 패션 사진 작가.

　　전후의 사진들과 조지 호이닝엔휘네George Hoyningen-Huéné*가 자신의 시대에 보급시킨 사진 속의 여성 스포츠인은 서로 대립된다. 전후의 사진들인 「영화와 여자」 혹은 「콘스탄체」는 튤립 스커트를 입고 뻣뻣하게 서 있는 보수적이고 부유한 시민 계급의 부인을 소개한다. 그럼에도 사진은 결과물의 제시에는 별로 걱정하지 않았고, 주제에 대한 교육을 과제로 삼았다. 물론 그들은 관습적인 표상을 이용하고 여성을 여신, 죄인, 유혹녀로 각색한다. 그리고 그러한 사진은 오늘날까지 남아 있다. 독일연방공화국 초기에는 위험스러운 여자를 열심히 일하는 폐허 속의 여자와 대립되는 모습으로 보여 주었다. 여성은 폐허 속에서 전쟁이 가져다

준 폐허의 잔재를 없애는 작업을 하면서 그 당시의 남성이 아직 신뢰하지 않았던 바로 그 직업 여성으로 탈바꿈했던 것이다.

여성이 다시 '마네킹'으로 표현되어 있는 것을 보고자 했던 소시민적 잡지와 팜므 파탈을 추구하는 새로운 잡지인 독일의 『보그』는 대립한다. 팜므 파탈은 이제 더 이상 즐거운 죄악으로 유혹하지 않고 시대에 상응한다. 사진 작가 헬무트 뉴턴의 여성 모델은 1975년 『보그』에서 이브 생로랑의 그늘 아래 현대 패션의 아이콘이 되었다. 그녀는 빠져나갈 곳 없는 거리에 서서 손에 담배를 들고 곧 모퉁이를 돌아 달려올 것이 틀림없는 악당들을 기다리는 듯했다. 그녀의 상의에는 권총이 숨겨져 있을까? 날카롭게 자른 헤어스타일을 한 그녀의 작은 머리에서는 무엇이 계획되고 있을까?

여성은 패션 사진에서 가끔은 대단히 위험한 모습으로 등장한다. 전후 시기에 그들은 눈을 크게 뜨고 머리는 덤불숲처럼 뒤엉킨 모습이었다. 그리고 메두사의 머리를 한 여성 의상은 독특하게 장식한 직물로 되어 있다. 『보그』의 사진 작가인 리처드 아베돈은 1968~1969년 억센 털로 치장한 여성을 소개했다. 머리는 그 속에서 익사할 것처럼 보이고 거대한 모자 속으로 자취를 감추었다. 혹은 1967년 '미국산 『보그』'는 검고 뻣뻣한 머리카락을 가진 소녀 네 명을 모든 것을 집어삼킬 듯, 창백한 입술을 약간 벌리고 검은 눈썹을 가진 젊은 악마로 변신시켰다. 이 악마들은 관찰자의 눈을 뚫어져라 보면서 동물이나 인간에게도 대단히 공격적으로 느껴지는 제스처를 취하고 있다. 최근에는 태양을 숭배하는 경향이 지배적이기 때문에 구릿빛 몸매에 번쩍이는 동(銅) 조각상이 모래 속의 미라처럼 누워 있다.

사진 작가 크리스 폰 방엔하임Chris von Wangenheim*은 1977년 『보그』에 해방된 여성을 위험한 파괴자로 보여 주었다. 여기에서는 다리밖에 볼 수 없고 주름 잡힌 치마의 가장자리는 금으로 장식되어 있다. 뾰족하고 높은 뒤축이 있는 신발이 창가에 놓여 있다. 바닥에 흩어진 조각이 사회의 내부에서부터 파괴가 시작되었음을 보여 주고 있는 것이다.

* 1942~1981, 독일 출신으로 미국에서 활동한 패션 사진 작가. 1960년대 후반에서 1980년대 후반까지 『보그』, 『하퍼스 바자』에서 일하며 디오르 등 패션 광고 사진을 찍었다.

| 영화: 여성의 꿈 |

패션 사진과는 대조적으로 초기의 영화들은 길들여진 여자를 보여 준다. 영화가 사회에 등장하면서 사진이 보여 주는 꿈의 형상보다 더욱 커다란 영향력을 행사했다. 패션 디자이너는 어떤 영화를 위한 의상을 디자인하면서 역할의 핸디캡까지 주의해야 한다. 영화를 위한 작업을 할 때에도 패션쇼의 경우가 적용된다. 스타들은 두 다리로 걷는다. 그러나 그들은 트릭과 컴퓨터 기술

로 허공을 떠다닐 수도 있고 천사, 악마, 영혼, 반신, 악마들을 위한 의상도 입는다. 영화의 모든 스토리는 여성을 사회의 어떤 현상으로 고정시키고 있는데, 예를 들자면 「우리에게 내일은 없다」에 나오는 페이 더너웨이Faye Dunaway*는 영화 속에서 친근한 여성적 의상을 입고 나와 모든 관객이 자신을 모방하게 만들었다. 그리고 오드리 헵번Audrey Hepburn은 파코 라반과 지방시의 의상을 입었고, 디오르는 1950년 마를레네 디트리히와 그녀가 출현한 영화 「무대 공포증」과 「노 하이웨이」를 디자인했다. 디자이너 장 루이Jean Louis**는 1946년 「길다」에 출연한 미국의 여배우 리타 헤이워드Rita Hayworth를 위해 디자인했다. 이러한 영화 속 의상들은 아름다운 몇몇 여자들만 입을 수 있었고 행복해 할 수 있었다. 그녀들은 그 속에서 자신들의 마음을 발견했기 때문이다.

　무성 영화 시대와 그 직후의 영화배우들은 자신들의 의상을 스스로 준비해야 했다. 그들은 의상이 영화 줄거리에 적합한가에 가치를 두었고, 상황이나 체험을 특별히 잘 표현할 수 있는 의상 덕택에 편하게 연기할 수 있었다. 의상은 영화의 역할을 함께 나누었고 그로써 처음으로 의상이 말하는 언어와 성격, 제재와 정서 사이의 연관성을 의식할 수 있게 되었다. 여성은 의상이 감정, 상황, 이야기의 본질을 함축적으로 표현할 수 있음을 영화 스타들을 통해 체험했다.

* 1941~, 미국의 여배우로 영화 「우리에게 내일은 없다」(1967)에서 여주인공을 맡았다. 1960~1970년대에 활약하며 '사랑의 여신'이라는 별명을 얻었다.

** 1907~1997, 프랑스 출신 미국의 의상 디자이너. 1944년 컬럼비아 영화사의 수석 디자이너로 기용되어 라나 터너, 마를레네 디트리히, 킴 노박 등 최고 여배우들의 의상을 디자인했다.

마지막 귀족들이 지니고 있던 지위의 상징은 사라졌고, 고상한 감정·자부심·부 그리고 오만 혹은 '바다 옆의 빌라' 위에서 즐겁게 웃을 수 있는 능력이 자신을 디자인할 수 있는 사람의 지위로 간주되었다.

의상은 비로소 정서를 전달하는 매개자가 되었다. 의상은 봄과 사랑, 가을과 이별 그리고 가능한 모든 사소한 것을 이야기하고 있다. 이렇게 되면서 빅토리아 시대의 신중함이 등장한 후, 자신의 내면을 숨겨야 했던 의상이 — 캐리커처가 매우 분명하게 드러내는 것에 대해 큰 반향을 일으키는 것처럼 — 20세기의 영화에서는 드러냄을 위한 표현 수단이 되었다. 그리고 1980년대까지 일반화되었다. 여배우는 모든 장면마다 새로운 의상을 입었다. 그리고 그녀의 옷은 각 상황이 지닌 정서적 가치에 맞추어 재단되었다. 지위를 상징하던 것이 정서를 재는 잣대가 된 것이다. 그후 가장 용감한 패션 잡지에서 모델들은 행복을 주는 패션 때문에 너무나 기뻐서 펄쩍 뛰고 춤을 추고, 몸을 던지고, 높이 뛰어올랐다.

패션 사진은 일반적으로 예술의 한 장르로 이해되는데『브리기테』와『여자 친구』같은 여성 잡지에서 일종의 카탈로그 사진으로 제공된다. 그리고 영화는 남성에게는 환상을, 여성에게는 감성을 불러일으킨다. 패션 사진은 박물관에 걸리고 영화는 복지

시설에 들어간다. 뮌헨의 휘포예술관에 전시된 헬무트 뉴턴의 사진에는 많은 남성이 정기적으로 찾아온다. 패션 잡지가 여성으로 하여금 예술을 이해하도록 교육했음에도 여성은 차라리 집에서 지방시의 옷을 입은 오드리 헵번의 영화를 보려고 한다. 그렇게 예술의 장르는 성을 분리하고 있다.

패션 사진과 영화의 차이는 맨홀 위에서 부풀어 오른 치마를 입고 포즈를 취하고 있는 샘 쇼Sam Shaw가 찍은 메릴린 먼로의 유명한 사진을 통해 알 수 있다. 샘 쇼의 사진은 여성보다 남성에게 더 많은 의미를 주었는데, 즉 새로운 도덕의 우상이 된 것이다. 옷감으로 만들어진 조개에서 나오는 비너스는 더 이상 여신이 아니라 여자다. 사진은 정말로 신성한 순간, 즉 유혹하는 여인이 에로틱한 자아와 사랑에 빠진 것을 기록한다. 남성은 먼로의 초현실적인 오만을 새로운 인식의 상태로 돌려놓았다. 마침내 한 여성에게서 자의식이 부끄러움보다 즐거움을 만들고, 자유의 충동이 복종보다 즐겁다는 사실을 통찰하게 된 것이다. 의상 하나만으로는 이러한 고백이 잘 이루어지지 않는다. 의상은 얼굴을 필요로 하고 표정이 더욱 중요하다. 한 여성의 얼굴이 아니라 하나의 마스크가 필요하다. 이것이 왜 여성이 화장을 하고 머리를 손질해야 하는가를 설명해 주는 중요한 이유다. 고등학교 졸업생이 졸업 축제에서 메릴린 먼로의 반점 무늬 의상을 입었다고 해도 신화에 나오는 비너스의 조개는 아직 활짝 열리지 않았다. 항상 사진으로 현재화되는 여배우가 눈부시게 웃지 않는다면 그녀는 수줍은 모습으로 보일 것이다. 신의 입김인 바람이 여배우를 도와주지 않았던 「7년 만의 외출」이라는 영화 속에서 복사뼈까지 내려오는 플리츠 스커트가 그녀를 순결하게 보이게 해주었다. 패션 사진은 격정적일 수 있는데, 20세기에는 의상을 통한 해방의 가능성이 어떤 중요한 순간과 어떤 전형적 장면으로 변화하는 의미로 이해되는 것이다.

정말로 사진 속 남자의 이미지는 돈을 벌고 있다. 제임스 딘이 있는 극장의 포스터는 모든 것을 획득한다. "그들은 자신이 무슨 일을 하는지 모르고 있기 때문이다"라는 문구가 적힌 포스터는 짙은 갈색 바지 위에 지퍼가 달린 붉은색 짧은 상의를 입고, 칼라가 없는 속옷으로 가슴 라인을 드러낸 '성난 젊은이'를 보여 준다. 그의 얼굴은 무관심을 다르게 해석하게 해준다. 다시 말해 제임스 딘의 시선은 강렬하고 증오에 가득 차 있다. 뒤로 넘긴 딱 달라붙은 머리는 마치 후광처럼 얼굴을 감싸고 있다. 오늘날 모든 남자는 또 하나의 제임스 딘이다. 단지 오만하게 쳐다보고 있지 않을 뿐이다.

메릴린 먼로가 보여 주었던 포즈는 19세기의 캐리커처 속에서 발견할 수 있다. 이러한 장르는 모든 여성에게 매춘부적인 기질이 있고, 모든 매춘부에게 영국의 여성 참정권자 기질이 있다는 사실을 알게 했다. 여성은 캐리커처 속에서 결정적으로 부적절하게 처신한다. 가슴을 내놓고, 다리를 높이 들어올리고, 얼굴을 찌푸린다. 의상실에 대해 많은 것을 알고 있는 토마스 만Thomas Mann의 작품 「사기꾼 펠릭스 크룰의 고백」에 나오는 주인공 펠릭스 크룰은 패션의 사기꾼인 매춘부에게서 자신의 짝을 찾는다. 토마스 만의 멋쟁이는 '더욱 화려한 시대에서 유래한 다채롭고 모험적인 잔재 같은 모습'에 경탄하고 있다.

무례한 과장은 패션을 끌어올려 준다. 그러므로 경탄과 분노는 지속적으로 대립해 온 동반자였다. 캐리커처는 광증을 동반하면서 자유를 제한했다. 초현실주의는 광증을 예술의 스타일로 상승시켰다. 패션 사진은 유행하는 초현실주의를 자유에 대한 가능성으로 인식하고 사진으로 변화시켰다. 일상을 아름다운 순간으로 만드는 사진 덕분에 패션은 가장 흥미로운 분야가 되었다. 그러나 그러한 순간은 여성의 삶에서 스냅 사진과 같으며, 실제 삶은 오늘날 여성에게 성공과 실용적인 의상을 마련해 주는 것이다.

| 컬처 재밍(문화 방해) |

1970년대의 페미니스트들은 패션은 죄악이라며 참회를 권하는 19세기 설교사의 풍자적 교훈을 잊지 못했다. 미성년 상태를 벗어나는 것은 일종의 공격 방향의 전환을 의미한다. 즉 남성은 여성에게 선물하며 덫 속으로 유인하면서도 자신들이 희생양이라고 주장한다. 남성은 자신들의 즐거움을 위해 유혹적인 의상을 여성에게 입힌다. 나오미 울프의 베스트 셀러인 『미의 신화』가 출간된 후 미 자체가 중요한 것이 아니고 여자의 즐거움은 남성의 만족에 기여한다는 것, 덩굴무늬나 치마의 옆트임 등 이 모든 것을 마치 손에 들고 있는 무기처럼 남자들의 항복을 받아 낼 수 있게 한다는 것을 모든 사람이 알고 있다. 페미니스트들은 여성의 장비를 변환시키는 좋은 예를 알고 있다. 리폼된 의상이나 스스로 뜬 스웨터나 작업용 청바지를 입은 여자들은 그리 매력적이지 않다. 그러나 그녀들이 사용하는 단어가 패션의 언어보다 값지다는 사실을 동료들에게 증명해 준다.

수전 더글러스Susan Douglas의 저서 『소녀들은 어디에 있는가』의 내용을 믿는다면, 패션에 대한 페미니스트들의 비평은 소비에 대한 비판에 영향을 끼친다. 즉 1960년대와 1970년대의 사회운동은 여성운동을 소비적 측면에서 가장 비판하고 있는 것이다. 여성의 자아 비판은 경제에 대한 비판으로 귀결된다. 『글로브 앤드 메일』의 칼럼니스트 나오미 클라인Naomi Klein은 자신의 베스트셀러 『노 로고』에서 다음의 결론을 이끌어 내고 있다. 즉 여성

컬처 재머들은 뷰티 산업에 대한 페미니스트들의 비판을 통해 마케팅 시장의 기법에 영향을 미치고 있다는 것이다.

광고 슬로건을 통해 상품의 교류를 차단하는 것을 뜻하는 컬처 재밍은 역설적으로 패션업계에서 시작되었고 쉽게 성공을 거두었다. 광고는 여성을 소비의 주체로 만들었다. 의상은 페미니스트에게 성적 욕망, 낭비, 희망을 주는 유혹적인 사건을 뜻한다. 컬처 재머들은 자아 형성에 대한 여성적 만족을 부드럽게 착취하는 남성의 방법을 그대로 받아들이며 여성 자신을 '광고'로 만들고 있다.

패션 회사의 광고 위에 그것을 반대하는 광고가 붙어 있다. "드세요" 혹은 "슈퍼모델에게 먹을 것을 주세요"는 캘빈 클라인의 비쩍 마른 마네킹 사진이 실린 포스터에 항의하는 이들이 쓴 문구들이다. 20세기 패션의 혁명은 주류 계급에 대한 패러디와 점잖빼는 이들에 대한 조롱으로 시작되었다. '벌거벗은 카우보이'라고 적혀 있는 펑크족의 티셔츠를 기억할 것이다. 그리고 광고에서 여성을 오용하는 것에 대한 비판으로 끝맺고 있다.

컬처 재밍은 소비에 의해 오용된 캐리커처를 또다시 희화화한다. 한 번 조롱받은 것을 다시 조롱하는 것, 조롱한 것에 대한 조롱이다. 페미니스트들은 당혹하여 이념적 행동에 참여한다. 나오미 클라인은 한 여대생에 대하여 이야기하고 있다. 즉 그 여대생은 잡지 『언쿨』을 창간하여, 여성의 자의식이 조작될 수 있다는 사실을 보여 주기 위해 이 잡지 속에 다른 여성 잡지들의 설문지를 짜 맞추어 놓고 탐폰 광고를 그림으로 그렸으며, '철학자 바비 인형'을 선언하는 내용을 실었다.

컬처 재밍의 자극을 받은 젊은 여성과 남성은 패션이 보여 주는 제스처에 냉소주의자가 되고 있다. 컬처 재밍은 패션의 시도가 보여 주는 상술에 반대하는 것이었다. 아이러니한 인용을 하면서 비평가들은 해방되었다. 젊은이들은 패션 분야에 대해서만은 경탄하고 조롱하지 않는다. 그들은 추함과 삶의 위험을 몸소 보여 주는 동시에 응석을 부리면서 부모 세대를 놀라게 하는 것이다. 그들은 담배를 너무 많이 피우고, 술을 너무 많이 마시고, 끔찍한 문신을 하여 결사적인 용기를 보여 준다. 나오미 클라인은 엑스터시Ecstasy* 상인들이 상품을 유통시키며 사용하던 냉소적인 이름들을 예로 들었다. 즉 '빅 맥 E', '퍼플 나이키 스월 E', 'X 파일 E' 등의 자극제와 진정제가 섞여 맥도날드 햄버거의 '해피 밀'이 되는 것이다.

조롱은 조롱에 대한 또 다른 조롱을 하면서 더욱 강력한 힘을 발휘한다. 그리고 시장은 소비보다 더욱 신속하게 움직인다. 조롱받은 패션 산업은 그사이 자신들을 조롱하는 사람들을 추월했다. 터부를 깨우치는 것이 컬처 재밍의 가장 중요한 수단이 되었

* 환각제의 통칭. 빅 맥 E, 퍼플 나이키 스월 E, X 파일 E의 E는 모두 엑스터시를 일컫는 말이다.

다. 이제 선동자라는 단어를 말하면 사람들은 베네통 광고의 창작자 올리비에로 토스카니Oliviero Toscani*를 떠올린다. 나오미 클라인은 청소년 패션을 창조한 디젤 광고의 경우를 다음과 같이 묘사했다.

"의류 회사 디젤은 '브랜드 광고 캠페인'에서 즐거운 어떤 세상의 신화에 시각적인 비판을 시도하고 있다. 캠페인에서는 환경 캠페인과 광고를 결합시키기도 한다. 광고는 북한의 이름 없는 한 도시에서 광고의 픽션을 보여 주고 있다. 광고에는 매력적이고 날씬한 금발머리 여자가 북한이 기아에 가장 허덕이던 1997년 만원 버스에 올라타려고 하는 노동자들을 바라보고 있다. 그녀는 '날씬해지는 데에는 한계가 없습니다'라는 슬로건으로 광고를 하고 있다."

'삶에 대한 이유'와 '여러 종류의 브랜드 광고' 캠페인 이후 디젤의 주가는 4년 사이에 200만 달러에서 2,300만 달러로 치솟았다. 그러나 젊은이가 광고에서 요구하듯이, 세상의 우아함에 대해 어떻게 그렇게 야만적으로 대응하는지 알 수가 없다. 젊은 세대는 패션은 이제 더 이상 자신의 표현법을 갖고 있지 않고, 성·지위·부·정치적 의미를 나타낼 수 없다고 생각한다. 그렇게 주요한 사건들을 통해 인류에 대한 조롱을 시도한 것을 보면, 여성의 광적인 다이어트 현상을 말하려는 것이 이 광고의 의도는 아

* 1942~, 이탈리아 출신 사진 작가. 수많은 패션 광고 캠페인을 담당했는데, 그중에서 신부와 수녀가 키스하는 베네통 광고는 유명하다.

닐 것이다.

냉소주의는 도덕을 파괴한다. 냉소주의는 패션의 초현실성을 발전시키고 예술을 위한 예술로서 스타일을 시도하게 만들며, 악의적인 유희를 허용한다. 디젤 광고를 보고 옷을 입는 사람은 야만인이 아니라 가상은 존재를 의미하는 것이 아님을 알고 있다. 비록 현혹되었지만 즐겁고, 책임은 못 느끼지만 교양이 있는 것이다.

03_ 이탈리아의 알타 모다와 낡은 패션

오트 쿠튀르와 알타 모다 패션쇼의 아이디어들은 관객을 현혹시킨다. 그들은 안다. 패션쇼로

유명해지면 시장은 그 유명세로 상표를 만든다는 것을. 이제 알타 모다에서 중심 형상을 얻어

오는 패션은 나이 든 사람을 위한 것이고, 젊은이는 디스코 재킷을 모범으로 삼는다.

| 창조주 그리고 유행의 창조자 |

흔히들 패션을 말하고자 하는 사람은 오늘날에도 역시 오트 쿠튀르나 알타 모다*를 말한다. 이 패션쇼는 재능 있는 예술가들에 의해 창조되고 모방할 수 있도록 한다. 디자이너들은 패션의 창조자라고 부를 수 있다. 그리고 그들은 언어와 소리의 창조자들과 같은 경지의 신적인 독창성을 지닌 패션의 창조자라고 부를 수 있다. 예술과 패션은 새로운 인간을 만드는 두 번째 수준의 창조라고 할 수 있다. 성경책은 낙원에서 인류 최초의 의상인 무화과나무 잎으로 자아의 형성이 시작되었다고 말한다. 무화과나무 잎으로 새로운 인간이 성립되었는데, 이 새로운 인간은 신에 의해 창조된 조각품, 즉 부드러운 피부 아래 섬세한 근육을 지닌 곧

* '하이 패션'이라는 뜻의 이탈리아어로, 매년 밀라노와 로마에서 개최되는 이탈리아의 오트 쿠튀르.

추선 형상과는 다르다. 사람들은 이러한 제2의 피조물을 보는 데 익숙해져—인간은 낙원에서 내쫓긴 지 오래다—신의 피조물과 패션의 피조물, 즉 피부와 피부를 기교적으로 덮은 직물을 비교하기가 어렵다는 것을 거의 인식하지 못한다. 푸른색 청바지의 옷감과 창백한 다리는 전혀 비슷하지도 않고, 초록색 실크와 장밋빛 피부, 신발과 발, 파마한 머리에 모자 그리고 빗지 않은 머리는 어울리지 않는다. 패션의 피조물은 신의 피조물을 조롱하는 것처럼 보이지 않을까? 옷 입은 사람은 더 이상 신과 같은 모습이 아니다. 신은 옷걸이를 가지고 있을까? 아니면 혼자 자신을 보고 있을까?

사람들은 수천 년 동안 옷 입은 것을 보는 일에 길들여졌다. 거리에서 신체와 그 위에 입은 옷은 일체가 되어 만난다. 정말로 시선은 하나의 본연의 옷을 벗은 존재나 또는 옷을 입은 존재를 찾는다. 남성에게 흔히 찾아볼 수 있는 음탕함에 대한 비난은 보편적인 윤리를 위한 속죄양을 찾는 것이다. 곧 옷을 입은 문화에서 벌거벗은 몸을 찾는 것을 보통 음탕이라고 하는 것이다.

패션의 창조자와 패션의 철학자는 두 개의 당으로 나뉠 수 있다. 하나는 환상에 의해, 다른 하나는 자연스럽고 신에 의해 주어진 현상으로 좌우될 수 있다. 물론 20세기는 후자가 승리를 거두었다. 신체는 모든 것을 평등하게 한다. 패션이 몸에 맞으면, 패션은 더욱더 계몽적이고 민주적이 된다. 민주적인 단조로움은 신체를 신에 의해 창조된 원형에 가장 가깝게 만든다.

오늘날 패션을 의식하는 여자들은 패션의 창조자, 즉 알타 모다나 오트 쿠튀르가 제안한 것을 입지 않는다. 그러나 의상과 구분되는 '패션'은 무엇이라고 할 수 있는가? 1950년대에는 입을 수 있는 패션이 있었다. 그 시절 『콘스탄체』, 『영화와 여성』이라는 고상한 잡지들은 사무실, 거리 산책, 밤 모임 같은 다양한 경우에 입을 유명 디자이너들의 견본을 제시했다. 여성들은 자신의 단골 재단사에게 견본으로 주기 위해 잡지에서 무대 의상 도안을 얻었다. 멋쟁이 어머니들은 딸의 무도회를 위해 디오르의 튤립 스커트를 흉내 내 재단하거나 의상실에서 옷을 살 때 이러한 의상에서 하나의 견본을 찾았다.

그러나 오늘날의 잡지들은 이런 상황과는 점점 멀어져 간다. 값비싼 잡지일수록 일상의 삶에서 입을 수 있는 의상과 거리가 먼 것들을 보여 준다. 그림과 현실, 상상과 입을 수 있는 패션 사이의 괴리는 나이 든 여성을 위한 패션 시장의 현재를 말해 주지 않는다. 청소년을 위한 번쩍거리는 『주스』, 『박스핀』, 『도이치』, 『동물원』 등의 잡지들 ─ 그들이 살 수 있다면 ─ 에 나오는 패션은 거리에서 볼 수 있는 것들을 제시하지 않는다. 모든 청소년 패션이 남성의 몸에서 발전했기 때문만도 아니다. 청소년의 오트 쿠튀르는 남성이 패션을 좌지우지한다는 사실을 절대 고백하지 않는다. 착용된 의상과 잡지에 나오는 상상의 의상 사이의 괴리는 모든 영역과 연령에서 화해할 수 없는 상태가 되었다. 『뮌헤너 아벤트 차이퉁』조차 쿠튀르의 예술품 같은 옷감으로 의상실에서 옷을 만드는 부인을 찾아내지 못했다. 실제로 일간 신문은 최근 몇 년 동안 파리의 패션쇼에 방문객이 감소하고 있다는 소식을 전하고 있다.

오늘날에는 패션의 창조자들 중에서 그 누구도 지도적 역할을 하는 사람이 없으며, 회사의 라벨이 그들의 이름이 발하는 빛을 바래게 했다. 프레타포르테의 발견과 함께 패션의 창조자들은 전체적인 스타일 창조의 트렌드를 절충하고 있는 것이다. 그들이 유럽의 체인망*을 통해 자신들의 유명한 이름을 팔고 있다는 사실을 사람들은 알고 있다.

1970년대에 C&A**는 생로랑이 디자인한 우아한 남성복을 판매했다. 그 의상에는 천재적인 창조자의 사인이 적혀 있었다. 그리고 고객들로 하여금 스스로 귀족이 된 것처럼 느끼게 했다. 생로랑은 화려한 자신의 입지를 살려 시장 유통과 결합한 최초의 몇 사람 중 하나였다. 그들은 자신들의 상점을 위해 프레타포르테 패션과 함께 백화점에 제공하는 이름과 당혹스러운 아이디어를 이용한 것이다.

* C&A는 독일, H&M은 스웨덴, ZARA는 스페인의 의류 기업으로 유럽에 점포를 가진 중저가 의류 체인 소매점.
** 유럽 전역에 매장을 둔 독일의 의류 유통 전문 업체 중저가 브랜드를 파는 마케팅을 구사하고 있다.

| 패션쇼와 일상 사이에서: 이브 생로랑 |

이브 생로랑은 무대 예술가였다. 그는 일생 동안 보통 사람들을 위한 패션을 창조하는 한편 무대 의상도 디자인했다. 그중에서 유명한 것은 러시아 출신 무용수이자 친구인 루돌프 누레예프 Rudolf Nureyev*를 위해 디자인한 의상이다. 그가 여성을 위해 생각해 낸 의상들에는 화려하고 큰 무늬가 있었고, 허리 부분에는 아주 큰 리본을 장식하고 목과 귀에는 무거운 액세서리를 달게 했다. 대담하게 반짝이는 의상과 조화를 이루면서 어색해 보이지 않게 하기 위해 격정적인 제스처를 지닌 메데이아**의 시선을 요구했다. 그가 디자인한 여성은 19세기에 볼 수 있던 무언극 배우가 되었다.

이브 생로랑은 의식적인 본질을 보여 주는 두 가지 모습을 구분했는데, 그가 제시한 또 다른 스타일인 하루 중의 일부분을 위한 스타일 혹은 칵테일파티를 위한 스타일 그리고 사교 모임을 위한 스타일은 연극적인 인물을 요구했다. 연극 속에 나오는 디바의 의상은 부드럽고 섬세한 옷감으로 재단되고, 육감적인 젊은 이들을 위한 스타일의 의상으로 여성스러움과 우울함이 동시에 드러나게 했다. 이브 생로랑의 크고 슬퍼 보이는 여성은 이 세상 사람이 아니었다. 그녀들은 사랑에 대해서도 아는 바가 없고, 어떤 남성도 돈도 가족도 친구도 여자 친구도 필요 없을 것처럼 보

* 1938~1993, 러시아 출신 발레리노 · 발레 예술 감독. 1961년 프랑스로 망명한 후 영국 로열발레단, 파리 오페라발레단 등에서 활동하며 고전 발레를 재구성해 인기를 끌었다.
** 그리스의 비극 작가 에우리피데스의 작품 「메데이아」. 그리스의 장군인 이아손과 사랑에 빠졌지만 그의 외도에 견딜 수 없는 배신감을 느끼고 자식마저 죽인다는 이야기다. 연극과 발레로 만들어졌다.

인다. 그녀들은 자기들의 창조자인 생로랑이 거리라고 착각하기도 하는 무대 위의 현상들이었다. 실제로 생로랑의 모델은 여성의 몸으로 만든 조각이라고 할 수 있으며, 짧은 순간을 위해 스케치로 창조된 것이다. 오늘날 모델들은 사진 속에서는 존재하고 또한 그 의상을 입고 표현할 수 있던 독특한 포즈를 통해 그 이상理想을 체험할 수 있다. 그의 모든 스타일을 위해 그에 적합한 사진 작가를 고용했다. 그는 스스로 모더니스트가 되려고 신즉물주의* 여성을 위한 간결한 스타일을 발견했던 헬무트 뉴턴을 선택했다. 자신이 지닌 꿈의 위대함과 옷감을 낭비하는 제국주의적 제스처를 확대하기 위해 데이비드 자이드너David Seidner**를 선택했다. 그의 디자인 스케치를 모은 전집에서 사람들은 그것이 생로랑의 것임을 곧바로 알아챌 수 있다.

디자인 무대에서 나와 거리를 정복하려는 꿈은 생로랑에게서 사라져 갔다. 거리가 그를 원하지 않았기 때문만은 아니고, 그 스스로 이곳에 속하지 못함을 알았기 때문이다. 청소년들이 좋아하는 검정색과 이제는 귀족의 우아함과 의상의 색이 주는 의미를 알려고 하지 않는 여인들이 좋아하는 회색 사이에서 생로랑의 화려한 환상만큼 부적합한 것은 없을 것이다. 패션 잡지들이 오늘날의 여성이 선호한다고 규정한 스포츠 스타일, 자유로운 움직임, 성적인 면에서의 분명함, 깔끔하지 않아 보이거나 질질 끄는

* 신현실주의. 즉물적인 대상 파악에 의한 실재감의 회복을 기도한 운동이다.

** 1957~1999. 미국 출생 사진 작가. 피카소의 입체주의적 요소를 가진 사진을 많이 찍었고 1980년대 생로랑의 이브닝 드레스 컬렉션 등을 함께 작업했다.

스타일들은 생로랑에게는 찾을 수 없다.

초기에 생로랑이 패션 세계에 도전장을 내밀었을 때, 그는 일상에서 필요로 하고 거리에서 착용해도 되는 도발적인 의상 모델로 시작하지는 않았다. 1971년 컬렉션 40'S는 1940년대의 군복 스타일로 등장하여 모든 관객의 분노를 사기도 했다. 그러나 무엇보다도 어깨에는 패드를 넣고, 무릎 위까지 덮은 초록색 사파리 재킷과 빨간 꽃을 단 검은 헝겊 신발을 신은 마네킹이 사람들에게 충격을 안겨 주었다.

컬렉션 40'S에서의 도발적인 기획으로 약간 충격을 받은 생로랑은 1960년대의 민속학 세계로 도피했다. 그는 자신의 발상을 먼 나라와 이국적인 꿈과 연관시켜 19세기의 역사주의로 발전시켜 현재까지 계승하고 있다. 그의 최근 디자인은 더욱 즐거운 기습을 시도했다. 1976년 그는 '러시아 발레 컬렉션'으로 전통적인 패션을 이어 갔다. 그것은 오페라 컬렉션으로 전설이 되었고 '스페인의 여인들', '셰익스피어 컬렉션', '차이나 컬렉션', '일본 컬렉션', '아프가니스탄 컬렉션'들이 계속되었다. 이 시기의 의상들은 자신을 공주, 투우사, 여자 주인공, 수녀, 신전의 무희들, 게이샤로 상상하는 여성을 위한 것들이었다.

색채 전문가인 생로랑은 오트 쿠튀르를 최초로 기성복점화하면서 거리를 정복하려고 했다. 그러나 그의 패션은 부티크에서 나와 대중들의 거리로 나아가지는 않았다. 왜냐하면 카트린느 드 뇌브Catherine Deneuve나 클라우디아 카르디날레Claudia Cardinale 같이 영화 속에서 포즈를 취하지 않아도 되는 보통 여자들이 생 로랑의 옷을 입자마자, 그가 창조한 모든 것은 마치 자연과 자연 스러움을 포장한 것처럼 오롯이 담고 있는 그릇이 되었다. 최고 경영자의 부인들만을 위한 고가의 부티크 의상들이 강력한 영향 력을 발휘하고, 액세서리들은 일상의 삶과 연관되어 번쩍이는 하 나의 키치Kitsch*가 되었다. 생로랑 부티크를 한 번 방문한다는 것 은 여자에게는 거부할 수 없는 선물 꾸러미가 되는 것이다. 여성 은 값비싼 옷감과 화려한 옷감으로 포장되어 반짝이는 보석을 달 고 대도시 아스팔트 위의 이국적인 페르시아 신부가 된다. 아내 에게 생로랑의 의상을 입히려는 남성들은 그녀들을 자기가 받는 높은 수준의 급여를 과시하는 전시용품으로 생각했다. 생로랑 기 성복 숍의 대단히 특이한 패션은 화려한 부티크에서 사업가의 화 려한 자동차를 타고 화려한 레스토랑 사이를 옮겨 다니며 거리로 나갈 수가 있었다.

그럼에도 이 패션의 예술가는 단지 거리에만 머물고자 하지 않 았다. 그리고 그는 거리에서 되돌아오려 한다고 말했다. 그의 숭 배자들은 브래지어를 입지 않은 속이 훤하게 비치는 블라우스, 여성의 몸에 걸치는 남성용 턱시도, 그 밖의 남성 의상들을 여성

* 속된 것, 가짜 또는 본래 의 목적에서 벗어난 것이 라는 뜻으로 흔히 고급 예 술에 대해 속악한 대중 예 술을 뜻한다.

해방의 선취 효과로 간주하고 그것들을 인정한다. 그사이에 사람들은 과거 1970년대보다 직업에 종사하는 여성을 정확하게 인식하게 되었고, 그 여성이 주식 시장에 토플리스 차림으로 나타나지 않는다는 사실을 알게 되었다. 생로랑의 용감한 행위는 연극적이었다. 생로랑의 명성이 정점에 달한 것은 68운동의 그로테스크한 연극의 시대였다. 학생 운동처럼 그 역시 그렇게 매혹적이었다. 그러나 68운동처럼 그도 일상의 삶을 계속 영위할 수는 없었다. 생로랑의 패션은 추함을 추구했을 수도 있던 한 세기에 그 어디서고 찾아볼 수 없던 아름다움으로 총체적인 이념이 되어 버렸다.

| 플라톤주의: 비비안 웨스트우드 |

파리의 오트 쿠튀르와 밀라노의 알타 모다 패션쇼가 보여 주는 아이디어들은 어둠 속에 앉아 있는 관객들을 현혹시키며 영감을 준다. 패션쇼 관객들과 달리 독자들은 스탠드 불빛 아래서 빛을 발하는 화려한 잡지의 사진을 보면서는 현혹되지 않는다. 그들은 안다. 타산적인 디자이너는 종이로 만들어진 잡지로 구애하는 것이며, 패션쇼로 유명해지면 시장은 그 유명세를 바탕으로 상표를 만든다는 것을.

세상 사람들이 비비안 웨스트우드에 대해 알지 못했다면 1991년 알타 모다의 상류층에서 그녀를 받아들이지 않았을 것이고, 그녀는 서서히 부각되는 대중에게 68운동 때의 의상을 패러디하여 선보이지 못했을지도 모른다. 그녀는 스스로 사람들의 마음속에 각인하도록 했던 청소년 패션의 모든 아이디어를 시험했다. 그녀는 1970년대에 볼 수 있던 도발적인 무질서를 '오픈 디자인'으로 패션 시장에 소개했다. 한때 집단적 분출의 기회였던 것이 한 개인의 천재적 쿠데타를 합법화하는 것이 되었다. 이제 패션쇼 모델들에게는 그런지 스타일Grunge Styles,* 펑크 스타일, 스페이스 스타일Space Styles,** 노인 패션의 잔재가 서로 얽힌다. 비비안 웨스트우드는 모든 시대에 그녀의 지부를 갖고 있다. 그녀의 패션은 빈티지 패션의 정수다. 즉 그것은 1970년대의 분주한 벼룩시장을 떠올리게 하는 낡은 의상에 대한, 그리고 그녀를 오늘날까지 쉴 수 없게 만드는 강박관념의 정수다. 빈티지는 백화점의 고급 상표 중의 하나다. 부유한 집 아이들이 물 빠지고, 찢어지고, 색이 바랜 옷을 가장 즐겨 입는다. 비비안 웨스트우드는 어머니들에게 오트 쿠튀르의 이데올로기를 공급한다. 웨스트우드는 심지어 1950년대 비행 청소년의 패션까지 오래된 것은 무엇이든 약탈한다. 게르트루트 레네르트는 웨스트우드의 지칠 줄 모르는 유희 충동에서 나온 새로운 아이디어에 관한 증거들을 보여 주는

* 편안함과 자유스러움을 추구하는 스타일. 1980년대 하이패션과 엘리트주의에 반발하여 시작되었다. 1960~1970년대 히피 스타일에서 풍기는 남루한 분위기에서 영향을 받았다.
** 20세기 후반 미래 지향적인 경향과 우주에 대한 관심이 패션계에 나타났다. 헬멧 모양의 모자, 기하학적인 선, 금색·은색 등 미래의 이미지를 연상시키는 스타일을 말한다.

책을 출간했다. 여기에서 그녀는 이렇게 썼다.

"커피 주전자처럼 보이는 니트, 1950년대의 고루함과 18세기의 상상적인 귀족주의적 삶의 방식, 매춘부들의 성적 암시와 고급 매춘부의 섬세한 유혹 그리고 이 둘의 앙상블, 머릿수건을 쓰고 장바구니를 든 소시민 주부, 매혹적인 하녀를 보여 주고 있다."

게르트루트 레네르트는 폐쇄 공포, 혹은 알타 모다가 두려워하는 무의미함에 대한 불안을 다양한 각도에서 감지하고 있다. 후프 스커트 위에 후프 스커트, 주름 위에 주름, 모든 가능한 무늬와 색이 서로 겹치고 얽힌다. 허리 받침, 엉덩이 부분에 댄 쿠션, 소매는 비대칭이고, 그중 하나는 마치 새의 날개처럼 어깨에 높이 솟아 있다. 허리 받침 대신 엉덩이 부분에 작은 깃털 장식을 달았다. 그리고 다시 분홍색으로 된 거대한 리본처럼 보이는 여자가 나타났다. 다리에 딱 달라붙거나 치마처럼 보이는 바지도 있다. 그리고 7부 바지에 옆트임, 수직 방향의 트임으로 가슴을 노출시키는 재단, 다시 손바닥만한 리본을 엉덩이에 단 미니스커트가 나왔다.

"열심히 살되 기왕이면 오래 살자."

비비안 웨스트우드가 1972년 처음으로 한 말이다. 마치 할머니의 좀이 슨 상자를 뒤지는 아이 같은 웨스트우드가 이런 말을 한 것이다. 그녀는 찢어진 바지를 만들어 내고 헝클어진 스웨터를 만들어 냈다. 그후 다이애나 황태자비가 웨스트우드의 '미니 크리니MiniCrini 컬렉션'을 구매한 뒤 그녀가 파헤치는 할머니의 트렁크는 한층 귀족적이 되었다. 셰익스피어는 그녀의 코르셋과 부풀린 후프 스커트와 잘 맞기 때문에 그녀는 셰익스피어의 작품을 파고들었다.

섹스 피스톨스의 펑크 패션은 이러한 방법으로 1995년의 '음탕함이여 만세'라는 컬렉션으로 발전했다. 이것은 공격적인 소녀들이 펑크의 편이 되어 노동을 착취하는 자의 돈을 갈취하는 여성이 되는 것을 의미한다. 비비안 웨스트우드는 청소년 패션에 매달리는 여성을 강조하는 것으로 되돌아왔고 자신의 몇 가지를 여전히 돋보이게 하고 있다. 자신의 '음탕함'을 보여 주는 모델 사라 스톡브리지Sara Stockbridge는 자신의 아기를 패션쇼에 등장시켰다. 이는 방탕한 시대의 어머니와 매춘부에 대한 인류의 몽상을 보여 주는 것이다.

벌집 모양의 주름, 옆트임 그리고 모서리를 뾰족하게 처리하는 재단 등 비비안 웨스트우드의 화려한 아이디어는 그사이 늙은 세대의 디자이너들에 의해서도 시도되어 통용되게 되었다. 웨스트우드는 구매자가 아닌 동료들을 위한 아이디어 제공자다. 필터 역할을 담당하는 많은 사람, 즉 디자이너 · 모방하는 사람 · 광고 매니저 · 사장들이 중간에서 작업을 한다. 그래서 소비자들에게 유머 감각을 그리 과도하게 요구하지 않는다. 즉 같은 의상을 입은 아름다운 여자들을 거리에서 보고 싶어도 패션 스타를 마주치기는 대단히 어려울 것이다. 디오르와 라크루아도 이런 경향을 이어받았고, 웨스트우드와 청소년 패션, H&M 과 C&A도 웨스트우드의 잡동사니를 모방했다. 그러나 그 옷을 입으려는 여성은 만용을 부려서는 안 된다. 과도함은 항상 부분적이어야 하기 때문이다. 즉 청바지 위에 찢어진 상의를 입을 수는 있다. 그러나 일반인은 웨스트우드가 즐겨 하듯이 하의에 엘리자베스 1세의 사동이라든지 달리의 그림 속에 나오는 붓 닦는 사람을 그려 넣을 수는 없을 것이다.

| 직장 여성 |

1960년대와 1970년대 청소년 문화에 새로운 스타일을 확대시킨 첫 번째 잡지로서 1959년 창간된 『트웬』의 사설에 다음과 같은 글이 실려 있었다.

"패션은 패션에서 유래한다."

패션 혁명이 왕성하게 진행 중인 시점에서 모든 패션의 종말이 감지되고 있다. 젊은 스타일의 유행은 업계나 상인들에서부터 인지되지 않고 미니 또는 맥시, 노브라, 민속, 바지, 종이 의상들에서도 인지되지 않는다. 그것을 인지시키는 것은 오히려 각광받고 있는 티셔츠다. 『트웬』은 새로운 스타일의 모순을 잘 인지하고 있으며 미래를 내다보며 '수륙양생 스타일'이라는 약간은 서툰 표현을 만들어 냈다. 이미 1970년 이전에 『트웬』은 포기했으며 더 이상 패션 정보에 대해 출간하지 않았다. 이 잡지는 1971년에 완전히 폐간되었고 고별호에서 독자들에게 마지막으로 랭글러 청바지를 추천해 주었다.

『트웬』은 의상 스타일만 중개했던 것만이 아니다. 이 잡지사는 어린아이 같은 사람들을 창조했다. 초창기에는 데이비드 해밀턴의 사진들을 출간했는데, 그때부터 미는 젊음과 자연과 결부되었다. 사람들은 주근깨의 매력을 발견했고 그리고 피부를 그을렸다. 여자들은 더 많은 노출을 감행했다. 그리고 잡지는 더욱더 여성을 시적인 텍스트와 정치적 프로그램으로 감싸기 시작했다. 또한 에로틱한 자유를 변호했다. 나체의 여자들을 관찰자의 시선으로 응시한 것이지 성적으로 응시한 것이 아니었기 때문에 당시 여성 신체의 도발적 전시는 그리 이상하거나 음란해 보이지 않았다. 잡지에 등장하는 남자들은 그사이 벌거벗은 여자들과는 달리 더욱 옷을 입고 등장했다.

『트웬』은 20세기 초부터 등장한 패션 경향에 다시 관심을 보이기 시작했다. 아돌프 로스는 1900년대 의상에 나타나는 소아증 현상을 묘사하고 있다.

"어린 여자들이 패션에 등장했다. 사람들은 미숙함을 갈망하고 있다. 페터 알텐베르크Peter Altenberg*의 작품에서 소녀의 영혼은 꺾이고 문학적으로 착취되었다. 배리슨Barrison** 자매들은 무대 위에서 남성의 마음으로 춤을 추었다. 그때 여성스러운 것이 부인들의 의상에서 사라져 버렸다. 소아증 현상에 반대하는 투쟁을 계속하기 위해 그들은 자신들의 엉덩이를 부풀렸다. 예전에는 여성의 자존심이었으나 이제는 불편한 것이 되어 버린 것이다."

프랑스의 복식 디자이너 잔느 랑방Jeanne Lanvin은 이미 1903년 처음으로 유아 패션 컬렉션을 시장에 내놓아 유아는 성인이 아님을 보여 주고 성인들로 하여금 어린이가 되도록 했다.

"잔느 랑방과 함께 패션의 세계에서는 오늘날 우리에게 너무나 자명해진 젊음의 트렌드가 시작되고 있다."

게르투르트 레네르트는 이렇게 개괄했다.

장식과 대립하는 "모양이 기능을 좇아간다"라는 공식은 이때부터 '얼굴, 몸매, 피트니스'라는 패션 언어 속에서 해석되고 있다.

『트웬』은 오늘날 강제적이고 혁신적인 패션 무대와 나란히 걸어가고 있는 또 다른 현대성을 창조하고 있는데, 그것이 바로 거리 패션이다. 그리고 배우이자 모델인 열여섯 살의 트위기Twiggy***

* 1859~1919, 오스트리아의 작가. 인상주의적 스케치풍 산문을 썼으며, 작품에는 기지가 넘치고 문명 비평적 요소가 풍부하다. 대표작에는 「하찮은 인생의 그림책」 등이 있다.
** 1891~1900년까지 미국과 유럽에서 공연한 덴마크 출신의 보드빌(19세기 후반에 유행한 공연장의 연예 오락 쇼) 댄서. 배리슨 다섯 자매는 무대에서 치마를 들추고 관객에게 속옷을 보여 주는 등 관능적인 쇼로 유명했다.

*** 1949~, 영국 출생의 모델·배우. 작고 마른 몸에 짧은 머리를 하고 미니스커트를 입고 등장해 1960년대를 대표하는 패션 아이콘이 되었다.

와 함께 — 가슴이 납작한 북쪽 게르만 여자, 프랑스나 이탈리아에서는 찾을 수 없고 입을 수 없는—명성을 얻게 된 새로운 몸매의 패션을 만들었다. 그리고 영국의 여성복 디자이너인 메리 퀀트Mary Quant*에 의해 미니스커트가 만들어졌다.

퀀트는 영양이 충분하지 못한 소녀에게서 소년의 모습을 발견하여 그것을 뉴욕 사람에게 심어 주고 손가방이 불편할 것 같은 개구쟁이에게 어깨에 메는 가방을 제공했다. 1963~1964년 쿠레주Andre Courrèges**는 퀀트의 미니 패션을 패션 무대 위에 올려놓았고 파리와 런던의 패션계에서 여성 패션과 아동 패션으로 이목을 집중시켰다. 앵글로색슨계 디자이너며 영국에서 성장한 존 갈리아노 지방시John Galliano Givenchy와 디오르, 알렉산더 맥퀸 지방시Alexander McQueen Givenchy 그리고 비틀스의 멤버 폴 맥카트니의 딸 스텔라 맥카트니 클로에Stella Mccartney Chloé가 프랑스와 이탈리아의 오트 쿠튀르의 패션계를 정복했다.

여성이 어린아이의 마른 몸매를 이상적인 아름다움으로 믿게 만든 교육은 단순히 패션 잡지에서만 이루어지지 않았다. 패션의 즐거움은 오늘날 읽는 즐거움 이전에 시작된다. 패션계의 교육은 어린 소녀에게서 일어난다. 미학적 영역에 대한 최초의 교육은 그녀들이 어린 시절을 보낸 방에서 시작된다. 그곳에서 그들은 예전처럼 모성애와 집안일을 배우는 것이 아니라 패션 의식을 배

* 1934~, 영국 출신 패션 디자이너. 1960년대의 미니멀리즘 영향을 받아 1964년 미니스커트를 발표했다.

** 1923~, 프랑스의 패션 디자이너. 메리 퀀트의 미니스커트를 패션쇼에 올렸고 브래지어와 코르셋을 착용하지 않은 노브라 패션을 선보였다. 이것은 단순히 실루엣의 변화만이 아니라 오트 쿠튀르에서 프레타포르테로 넘어가는 패션의 대중화로의 전환을 의미했다.

우는 것이다. 바비는 트위기를 셀룰로이드로 만들었다. 마른 몸매의 바비는 계속 의상을 바꾸며 새롭게 탄생한다. 미국의 인형은 예전의 프랑스 재단사들이 만든 나무 인형, 즉 마네킹을 해체시켰다. 바비 인형의 옷장에는, 가늘고 긴 다리의 이 미국 여자로부터 미국적 감각을 연습한 소녀들의 옷장보다도 많은 옷이 들어 있다.

그후 패션을 의식하는 사람과 패션에 대해 불평하는 사람, 즉 남성과 여성 사이의 경계가 없어졌다. 그러나 사회 계층의 수평적 경계뿐만 아니라 모든 영역에서 그러한 경계선이 없어졌고, 오직 젊은 사람과 나이 든 사람만 구분한다. 아직도 이탈리아의 패션쇼 알타 모다에서 중심 형상을 얻어 오는 패션은 나이 든 사람들을 위한 것이고, 젊은 사람은 디스코 재킷을 모범으로 삼는다. 나이 든 사람과 젊은 사람들은 물과 기름 같다. 액세서리대 피어싱, 높은 굽의 스틸레토 힐* 대 스니커즈 등이 바로 그것이다. 물론 젊은 여자들은 — 쇼펜하우어가 여성에게 퍼부었던 독설은 그 짧은 다리 때문이라고 하는데 — 예전의 부인들이 신었던 높은 굽을 아쉬워하면서도 포기한다.

두 시기와 영역은, 즉 부유함과 가난함, 출세와 실패, 늙음과 젊음으로 명확히 구분된다. 패션에서는 세 개의 스타일을 추종하는 다음과 같은 세 그룹으로 구분된다. 첫 번째 그룹은 야하게 차

* 하이힐 중에서도 뒷굽이 가늘고 높은 신발로 1955년 살바토레 페라가모가 발명했다.

려입은 젊은 여성과, 단정해 보이며 친구들 모임에서 예의를 갖추기 위한 것으로 패션을 생각하는 중년의 여성으로 구성된다. 두 번째 그룹은 패션의 영역에서 과감함으로 승부를 거는 여성과 수줍음 때문에 패배한 여성으로 구성된다. 그리고 세 번째 그룹은 패션을 즐기는 여성과 직업을 가진 여성으로 구성된다. 여성 해방의 시대에 그리스 신화에 나오는 세 명의 우아한 여신과 같이, 이 세 그룹의 여성 중에서 승리자는 직업 여성이다. 모든 여성은 일하지 않으면서도 직장 여성처럼 옷을 입고자 한다. 적극적인 어머니는 직업을 가진 독신 여성처럼 보이고 싶어한다. 남편에게 의무를 다하는 충실한 가정주부는 직장 여성으로 그리고 할머니는 성공한 여성처럼 보이기를 원한다. 직장 여성의 의상은 그들이 돈을 지불할 수 있는 능력을 보여 준다.

반면에 오트 쿠튀르의 의상은 돈을 지불해 줄 수 있는 남성을 가진 여성의 의상이다. 오트 쿠튀르의 계속되는 의상 스타일의 변화는 돈 많은 부부 사이의 대화 수단을 상징한다. 남성은 항상 자신의 돈을 새로운 의상과 교환하면서 그의 사랑을 증명하고, 여성은 남편의 사랑에 고마워하고 남편에게 충실하지만 의상에는 충실하지 않기 때문에 자주 옷을 바꿔 입는다. 바바라 핑켄은 "여성은 옷을 갈아입으며 부인으로서의 경력을 쌓는다"라며 오트 쿠튀르의 의상을 입고 남자—애인 · 동침자 · 남편 · 사장일 수도 있는—를 사로잡은 여자를 빈정댄다. 오늘날 여성은 남성처럼 경력을 입는다. 그리고 비록 경력을 쌓지 못한 여성일지라도 박물관을 방문하기 위해 옷을 입는다.

직장 여성을 상상할 때 주로 떠올려지는 모습은, 남성을 흉내낸 바지 차림의 여성에서 청바지에 우스꽝스러운 문구나 코믹한 말을 써넣은 티셔츠를 입고 어울리지도 않은 장식을 달고서 마치 디스코텍에라도 가려는 듯이 보이는 여자의 모습으로 바뀌었다. 그러는 사이 직장 여성은 마치 신참인 것처럼 행동하게 되었다. 그리고 권위 있는 모습으로 거리에서 볼 수 있는 야한 여성과 구분되기를 원하지 않았다. 왜냐하면 그들은 영원히 젊고 여성스러운 이상에 부응하려고 하기 때문이다. 그들이 추구하는 패션의 표어는 완벽함보다 약간의 서투름을 원한다. 그것이 매력을 보장하기 때문이다. 여성스러움을 의무적으로 의식하면서 섹시하고 성숙하고 젊어 보이는 것이 패션이 그들에게 부여하는 역사적 명령이다.

도발적인 패션은 19세기 말까지는 거리에서 미리 볼 수 있었다. 오늘날 그것은 패션 무대로 되돌아가 디스코텍 속으로 숨어든다. 패션 무대는 나이에 관한 한 거짓말을 한다. 알타 모다는 아직까지 영향력을 지니고 있지만, 디스코텍은 다정한 부모가 있으면서도 아웃사이더가 되고자 하는 용감한 아이들에게 자의식을 부여한다. 패션의 어릿광대는 특정 구역으로 숨어 버리거나 동성애자 축제인 크리스토퍼 스트리트 데이 등의 대중음악제가 열리는 페스티벌의 섬으로 도피한다. 패션계에서 선동자는 '주말의 나이 든 사람'들로서 혹은 '주말의 펑크족'으로 파트타임으로 등장한다. 예전에는 발레 무대와 콘서트가, 오늘날에는 디스코텍과 젊은 여성의 패션을 위한 무료 야외 공연이 개최되는 것이다. 1969년 사흘 동안 패션을 전파하는 40만 명의 히피들이 모여들었던 하이드파크와 우드스톡에서의 화려한 록 페스티벌 후 패션과 음악은 서로에게 속하는 존재가 되었다. 오늘날 패션의 구심점은—그런지와 같은 것으로—맨 먼저 음악적 개념을 지닌 스타일이다. 헤비메탈과 펑크 록이 섞여 그런지 록Grunge Rock*이 되었다. 의욕을 잃은 젊은 세대는 대학생 클럽의 회의실에서 자신들의 삶의 스타일을 위해 구멍 난 바지와 밑단을 뜯어 솔기를 푼 치마와 소매, 문질러서 바랜 옷감, 빨아서 바랜 청바지를 '무관심한 의상'으로 멋들어지게 발견해 낸 것이다. 그들의 걸레 의상은 모든 상황에 적합하기도 하고 적합하지 않기도 했다. 그들이 발견한 '겹쳐 입기'는 유명 디자이너의 이름과 함께 영향력을 행사하고 있다. 안나 수이Anna Sui는 '미국 그런지의 여왕'으로 불리고, 그런지 스타일을 '상당한 가격을 받는 저급한 상품'으로 기획하고 있는 베르사체와 앤 드뮐르미스터Ann Demeulemeester

* 기타음을 앞세운 공격적이며 역동적인 사운드를 특징으로 하는 록 음악.

에게 스타일을 전수했다. 길거리의 패션과 그런지의 영향력은 강력해져 독일 출신 디자이너 카를 라거펠트Karl Lagerfeld는 스타급 모델인 클라우디아 쉬퍼Claudia Schiffer를 미심쩍게 보기 시작하여 급기야는 그녀를 "너무 단정하다"라고 평하기에 이르렀다.

일상에서 입는 의상은 알타 모다에서 제시하는 패션이나 록 콘서트와 러브 퍼레이드Love Parades*의 팬들이 입는 패션과는 다르다. 그러나 젊은 스타일은 나이 든 사람의 일상을 무색하게 한다. 패션 시장이 열릴 때는 외적인 현상, 유행을 몰고 올 등장에 대한 시비가 벌어지곤 하지만—어떤 진지함을 가졌나, 진보적인가 등의 문제— 시비는 부모와 아이들 사이에도 벌어진다. 유행되는 전위 예술은 20세기의 해방된 여성에게 새로운 신체를 창조해 주고 새로운 제스처를 가져다주는 역할을 했다. 오늘날에도 전위 예술은 아주 작은 반항을 하면서 반권위적인 교육에 양념을 뿌리는 역할을 한다. 계몽주의 시대처럼 반란을 일으키는 사람을 뒤좇는 사람들이 있다. 어린아이들이 그런 시도를 할 때면 언제나 아버지는 그들을 좇아간다. 어린이들이 스케이트보드를 탈 때 안전 조끼를 착용하면 아버지도 그것을 착용한다. 그리고 아들이 요즘 유행하는 헝겊 팔찌를 하면 아버지는 그것을 열쇠고리로 이용할 수 있다는 것을 알게 되고, 아이들이 옷을 뒤집어서 입으면 아버지는 서랍에서 20년 전에 입었던 옷을 꺼낸다.

* 1989년 베를린에서 시작된 테크노 음악 축제. 테크노 음악을 들으며 그에 맞는 기괴한 복장을 하고 시내를 행진한다.

패션에 대한 젊은이들의 노력은 그들의 사냥 충동, 사냥 속도와 연관이 있다. 이때 아버지는 그들 뒤를 좇는다. 때로 소년들은 피어싱이나 미국식 힙합 스타일인 배기 스타일, 스킨헤드로 성과를 만들어 낸다. 왜냐하면 젊은이들은 민머리로 깎지 않은 나이든 사람을 위협할 수 있기 때문이다. 최근에는 아버지들이 앞서 가기도 한다. 그들은 예전에는 좀처럼 하지 않던 머리를 밀어 버리는 스타일을 하기도 하면서 부족함은 패션으로 보충하곤 한다.

패션은 책임 질 필요가 없는 장이며 즐겁고 과장된 놀이다. 특히 남자들이 태어남과 동시에 얻게 된 것으로가 아니라 업적으로 자신을 내세우게 된 19세기 이후 항상 그러했다. 이러한 유희는 여자에게 넘어갔다. 20세기에 여성이 업적을 보여 주기 시작한 이래 여성에게 속해 있던 경솔함이 아이들에게 넘어갔다. 예전 여성처럼 오늘날에는 청소년들이 사랑을 꿈꾼다. 휴대전화로 보내는 단문 메시지 서비스는 만족할 줄 모르는 여성의 사랑 이야기를 대신해 준다. 소녀들은 지하철을 타고 가면서도 그들의 사랑 이야기를 계속 쓰며, 이러한 사랑의 유희를 위해 그녀들은 약간의 패션만이 필요하다. 남성은 항상 그래 왔듯이 자신들의 이상형인 소년 같은 패션의 세계 속에서 여성보다 행복하다. 그리고 남자 아이 같은 여자도 섹시해야만 한다. 그녀의 패션 나이는 사춘기가 되어서 비로소 시작된다. 반대로 남자 아이들은 유행하는 옷을 입은 아기가 된다. 그들은 마치 기저귀를 한 것처럼 미국식 힙합 스타일인 배기 스타일을 입고 어기적거리며 걸어간다.

때로는 이러한 현대의 어린아이 같은 의상 옆에 노인의 의상, 즉 노부부가 걸어가고 있다. 부인은 예전의 이브 생로랑 의상에서 볼 수 있는 발목까지 내려오는 청록색 옆트임 스커트를 입고 있고, 남편은 밑단을 접은 1970년대 베르사체 의상을 입고 있다. 그들은 스스로를 '지하 납골당'이라 부르며 유머러스하게 자조한다. 그러나 사람들은 지하 납골당이 패션에서 무엇을 의미하는지 모른다. 그리고 무엇보다도 잿빛 아스팔트 위를 배회하는 사람들은 어떻게 이탈리아의 패션쇼 알타 모다가 무덤을 향해 다가간다는 의미를 지니고 있는지 알지 못한다.

패션을 통한 문화 현상의 해부

흔히 패션이라고 하면 화려한 패션쇼나 소수의 사람들만이 입는 호화 의상을 연상한다. 게다가 정신세계를 추구하는 사람들은 의상에 대한 관심을 종종 물신사상의 대표적 징후로 간주한다. 그러나 패션은 사전적 의미로 보면 특정한 시기에 유행하는 복식이나 두발의 일정한 형식을 말하는 것으로, 옷맵시나 유행을 뜻한다. 이 말을 되새겨 보면 의상을 통해 특정한 시기를 살고 있는 사람들의 정신 또는 시대의 흐름을 읽어 낼 수 있다는 뜻이다. 사람이 사는 데 의상을 뺀 일상을 상상할 수 있을까?

『패션, 여성들의 학교』에서 저자 한넬로레 슐라퍼 교수는 우리가 일상생활에서 무심히 지나쳐 버릴 수 있는 의상을 매개로 삼아 인간이 보여 주는 삶에 대한 견해나 의식의 표현 그리고 무엇보다도 여성 의식의 발전 과정을 명쾌하게 설명하고 있다.

슐라퍼 교수는 의상 그 자체만을 이야기하지 않는다. 제목에 있는 '여성들의 학교'는 몰리에르의 작품 중 하나로, 몰리에르는 이 작품 속에서 여성들의 의식 수준을 무시하던 당시의 시대를 풍자하고 비판했다. 저자가 이러한 몰리에르의 작품 제목을 자신의 저서에 제목으로 사용한 것은 문학과 문화사에 대한 그녀의 지식을 말해 주는 것이며, 몰리에르와 마찬가지로 의상을 통해 여성이 갖는 의식의 변천사를 말하고자 한 것이다. 저자는 이 책에서 19세기부터 현재에 이르기까지 문학, 패션 잡지, 패션 디자이너, 패션쇼, 사진 작가, 청소년 패션, 스포츠 웨어, 의상 광고에 등장하는 의상과 연관된 모든 문화 현상을 이야기하면서 인간 의식을 섬세하게 해부하고 있다.

원래 슐라퍼 교수는 독일문학 이론가였으나, 정년퇴임한 후 현재는 신문에 사설들을 기고하고 방송 매체 등을 통해 강연을 하고 있다. 그녀는 기존의 다른 문학 이론가들과 달리 텍스트만으로 문학을 분석하지 않고, 그림과 더불어 문화와 인간 정신사를 분석해 나가는 논문이나 저서들을 집필해 왔다.

그녀의 독특하고 감각적인 분석 방법을 알게 되면서부터 저서가 발간될 때마다 특별한 관심을 가지게 되었고, 두 차례 그녀의 저서를 번역했다. 그때마다 감탄해 마지않을 수 없었던 저자의 해박한 지식과 놀라운 통찰력은 고된 번역 작업에 즐거움을 선사해 주었다. 독자들도 저자의 수준 높은 문화 비평을 경험해 보기를 바란다. 그러면 독자들도 그녀를 통해 문화를 읽어 낼 수 있는 능력과 문학, 예술 그리고 문화에 대한 풍성한 지식과 교양을 얻을 수 있을 것이다.

이 책이 나오기까지 번역본을 몇 번이나 꼼꼼하게 읽고 교정하는 수고를 주저하지 않은 소화출판사 여러분, 경남대학교의 김정희 선생에게 감사의 말씀을 전하고 싶다.

2008년 4월 김선형

패션, 여성들의 학교

초판인쇄 │ 2008년 4월 30일
초판발행 │ 2008년 5월 9일

지 은 이 │ 한넬로레 슐라페
옮 긴 이 │ 김선형

발 행 인 │ 고화숙
발 행 처 │ 도서출판 소화
등   록 │ 제13-412호
주   소 │ 서울시 영등포구 영등포동 7가 94-97
전   화 │ 2677-5890
팩   스 │ 2636-6393
홈페이지 │ www.sowha.com

ISBN 978-89-8410-335-1 03300

잘못된 책은 언제나 바꾸어 드립니다.

값 10,000원